JN411770

마음처럼 되지 않는 일들이

자주 우리를 힘들게 할지라도

잔잔히 행복하기를,

은은히 사랑하기를.

잔잔히 행복하고
은은히 사랑하고

잔잔히 행복하고
은은히 사랑하고

초판 1쇄 인쇄 2019년 1월 16일
초판 1쇄 발행 2019년 1월 23일

지은이 12시

발행인 장상진
발행처 (주)경향비피
등록번호 제2012-000228호
등록일자 2012년 7월 2일

주소 서울시 영등포구 양평동 2가 37-1번지 동아프라임밸리 507-508호
전화 1644-5613 | **팩스** 02) 304-5613

ISBN 978-89-6952-314-3 03810

· 값은 표지에 있습니다.
· 파본은 구입하신 서점에서 바꿔드립니다.

12시의 감성을
소소하게 담은 책

잔잔히 행복하고
은은히 사랑하고

12시 지음

경향BP

Prologue

우리는 살아가는 동안 많은 어려움을 만납니다. 첫 문장의 시작은 늘 어렵고, 매일 사람과 함께 살아가지만 도통 인간관계는 알 수 없는 어려운 존재이고, 해야 할 것들은 왜 이렇게 많은지 모르겠습니다. 또한 이 많은 것들이 우리를 늘 무너뜨리고 상처를 안깁니다.

세상의 많은 일들에 대해 무조건적인 답이 없으므로 우리의 삶은 우리가 만들어 나갑니다. 때문에 각자 처한 상황이 다르고 느끼고 있는 감정이 다르겠죠. 하지만 불투명한 미래와 불안하기만 한 현재 때문에 많은 사람들이 어둠 속에서 힘들어하고 있을 거라고 생각합니다.

어둠이 짙어질수록 별은 더 밝게 빛나므로 당신 또한 끝나지 않을 것만 같은 어려움 속에 있다고 하더라도 당신만큼은 그곳에서도 빛날 수 있을 겁니다. 존재 자체의 밝음은 가릴 수 없으니까요.

이 작은 책의 몇 안되는 구절들이 당신의 삶 속에 해답까지는 주지 못할지도 모르지만 적어도 마음을 울리고 미소 짓게 만드는 책이 되었으면 좋겠습니다.

잔잔히 행복합시다. 은은히 사랑합시다.

(자각몽)

어떨지 알면서도 나는 또 당신 꿈을 꿔.
당신은 어떤 꽃을 좋아해?
노란 튤립? 빨간 장미?
그곳에서 전해주지 못했던 꽃들을
이곳에서라도 마음껏 전해주고 싶어.
무한할 수 없는 행복이라지만
잠시라도 헤어날 수 없을 정도로
꼭 껴안아 볼게.
시작해도 될까?
손도 조금 잡아줘.

(밤)

야경 같은 사람이 좋다.
낮에는 그 밝음의 정도를 알 수 없다고 해도
밤이 되면 환하게 빛을 뿜어내는 사람.
나는 밤을 사랑하니까 야경을 사랑할 수밖에.

(미소)

너 내게로 오려거든 함박꽃처럼 미소 지어라.
붉은 꽃잎 꽃봉오리 활짝 필 때
아마도 모든 빛과 소리가 네게로 향할 테니
너는 사랑스러운 향기를 내게 주어라.
나는 향기로 말미암아 두 손 네게 내밀 테니.

CAFE

(필연)

나는 소중한 당신을 만날 수 있는
환경에서 태어나고 살아간다는 게 다행이라고 느껴져.
정말 신기하지 않아? 이 거대한 지구라는 행성에서
우리가 이곳에 태어나 이렇게 인연이 닿았다는 것.
나는 결코 우연이 아니라고 생각해.
당신 없는 삶은 나에게 어떠했을까,
아마 꽤나 건조했을 거야.
아무리 바깥 날씨가 춥다고 하더라도
속은 따뜻하도록 함께할 수 있어서 다행이야.
습기가 차면 몰라도 나는 건조한 게 도무지 싫어.
그래서 더 감사해. 내 삶의 원동력이 되어준 사람아.

(모험)

알 수 없는 결말에 따라 움직이고 있는 몸짓들. 별들에게 이야기해보아도 우리는 알 수 없다. 너는 알고 있니? 다만 대답 없는 물음표들. 우연히 닿은 인연으로 삶이 휘청거리게 되고 삶 속 한구석에 널브러져 있던 조각들이 제자리를 찾아가는 기분. 우리는 언제나 사랑을 갈망한다. 겨우 존재하는 것임에도 불구하고. 영원을 믿지 않다가도 다시 영원이라는 허상을 믿게 되는, 마치 어린아이가 되는 마법 같은 일들. 그러다가도 또다시 벽을 세우고 외로운 발자국을 찍는다. 늘 변화하고 알 수 없는 것. 우리는 그럼에도 자주 모험을 떠난다. 이번에는, 이번에는 하며.

(바다)

한 바다에 머무르고 싶다.
이곳에서 수영하다가 상처받고,
저곳에서 수영하다가 휩쓸리는
이 진저리나는 짓을 그만하고 싶다고.

당신을 사랑했는데 표현하지 못했다.
당신이라는 바다를 놓쳤지만 할 수 있는 것이 없었다.

나도 이제는 나만 품어주는 바다에서 머무르고 싶다고.

(사계절의 회전)

오랜만에 소심한 공상에 빠져 있었고
불필요한 의심이 들어 너를 미워했다.
아무리 돌아보아도 황홀했던, 아무것도 하지 않고 있어도
지나쳐가는 시간이 소중하기만 했던 우리지만.

한껏 추위를 깊이 느끼고 얼마 지나지 않아 오뉴월 즈음에는
당신을 볼 수 있으면 좋겠다고 생각했다.
호수 위에서 물안개가 피어오르듯 잠시 두 눈동자에서는
파도가 쳐서 앞이 잠깐씩 흐릿해지기도 했는데,
나는 쉽게 눈을 끔뻑이지 못했다.
그 사방으로 흩어지는 물보라가 두 눈을 감아버렸다가
사라질 것만 같아 아깝기 그지없었으니.
머리칼에 바람 몇 번 스쳤다고 계절이 회전해버렸다.
그런데도 여전히 보고 싶은 걸 보면,
나,
여태껏 당신 같은 이는 본 적이 없나 보다.

(소중한 사람)

깊은 마음을 나눌 수 있는 관계가 점점 줄어든다고 해서 온전히 네 잘못이라고만 생각하지 말기를. 그럴수록 현재의 삶에 남아 있는 그들을 더욱 소중히 하는 사람이 되기를.

(꽃이 피었어, 당신아)

이맘때쯤이면 자연스레 찾아오는
그 알 수 없는 몽글한 느낌과 모습이 있어.
아마도 당신의 실루엣 같아.
선선한 날씨, 옷 속에 담아 두었던
꽃다발을 막 전해주고 싶은 기분.
길거리에서 얼굴을 드러낸
노랗게 물든 손가락만 한 민들레 하나에도
미소를 멈추지 못하는 당신의 순수한 모습이 떠올라.
사랑한다고 말해주고 싶어서 그래.
꽃이 피었어, 당신아.

*

삶이라는 게 녹록지 않았음에도 당신을 읽어나가는 일만큼은 잊지 않았다. 하늘이 새파랗게 변하더니 내게 벌써 꽃이 피었다고 재촉했다. 마음이 불안했다. 미지근한 바람에 떠밀렸고, 어쩌다 당신에게 마음을 줘버렸다. 무엇을 해버렸다는 말. 무언가 실수를 한 것 같은 어감. 나는 그렇게 실수를 했다. 새벽이 되기 몇 시간 전, 잠자리에 들기는 싫고 무언가에 집중하기에도 애매한 시간. 당신에게 연락이 왔다. 단지 심심한 당신의 이야기를 들어줄 오늘의 바구니는 나였을까. 모든 것을 알고 있었지만 나는 불평도, 내색도 그 무엇도 하지 않았다. 이것도 아니라면 당신과 언제 또 대화를 해보겠냐며 속으로 침묵했다. 당신과 이야기를 할 때면 나는 순수하게 즐거웠다. 오늘 하루를 나누고 당신의 별것 아닌 고민을 들어주면서 나는 우울하고도 씁쓸한 미소를 지었다. 나는 그 와중에 차마 꽃이 피었다고 얘기할 수 없었다. 이미 누군가가 벌써 꽃이 피었다고 얘기했을 것만 같았다. 대신 그날 밤 잘 자라는 안부가 전부였다. 그게 전부였다. 며칠 후 당신에게 사진 한 장이 왔다. 사진 속에는 분명 혼자가 아닌 두 명이 서 있었고, 나는 괜히 사진을 자세히 보지 않았다.

"벌써 꽃이 피었어. 너무 예쁘더라."

"그래, 벌써 꽃이 피었네."

나는 한참 전에 꽃을 보았고 내 꽃이 모두 시들었을 때 당신이 또 보란 듯이 꽃을 보내왔다. 나는 휴대폰을 꺼버렸다. 실수일까.

당신아, 벌써 꽃이 피었어. 나도 꽃이 참 좋아.

(빛과 어둠)

어둠이 나의 공간을 잠식할 때면 나는 고개를 떨궜다.
나는 또 부르르 몸서리치며 아플 것이 뻔했으니까.
두려워하는 것도 잠시뿐이었다.
이전에는 곧잘 고통을 이겨내고 금방 밝아지곤 했었는데,
점점 어둠을 대체할 빛을 잃어가는 기분이다.

너의 행동은 늘 나를 들었다 놓았다를 반복했다.
나와 깊숙이 대화하고 또 친밀한 관계로 지내다가도
너는 왜인지 가끔 오해할 만한 행동을 했다.
나를 향해 무언가를 찔렀다 뺐다를 반복하는 것은
어둠이 왔다 빛이 오는 것과 다를 바가 없었다.
나는 조금씩 무뎌질 줄 알았는데 그렇지 않은 것을 보니
나는 여전히 너를 잃고 싶지 않나 보다.
왜 내가 사랑하는 것들은 늘 나를 아프게 할까.

*

나는 마음을 꽤 쉽게 주는 성격인 것 같다. 누군가와 친해질 때 금방 원래부터 친했던 사람인 것처럼 굴기도 한다. 이렇

게 해야 내가 마음이 편하다고 느끼는 걸까. 그렇기 때문에 어떻게 보면 적극적으로 친해지려고 노력한다.

사실 부작용이 조금 있다. 나는 마음 한구석을 이미 몽땅 내어줬는데, 상대방이 조금이라도 뒷걸음질 치는 기색이 보이면 나는 쉽게, 너무 쉽게 멍이 들었다. 그러면 나는 또 이걸 견디는 게 싫기도 하고 버거워서 더 다가가려고 애썼다. 조금이라도 신경 쓰인다거나 마음이 불편한 것이 싫었으니까. 그래. 내가 너무 뜨거웠을까. 이렇게 하다가 눈도 마주치지 못하는 관계가 생겨났다. 그쯤 돼서야 느꼈다. 관계는 늘 앞으로 쭉 뻗어나가기만 할 수는 없는 것이라고. 전진하다가도 후퇴하고, 그러다가 또다시 전진하고, 이런 일들의 반복이구나 싶었다.

나는 관계가 잠깐씩 뒤로 물러날 때에 기다리는 법을 배워야 했다. 남들과는 조금 다른, 조금 더 아픈 관계의 무너짐을 겪고 나니 사람을 잃는 것이 더 두려웠던 것 같다.

그 잠깐의 물러서는 순간이 지나고 나면 진정한 내 사람을 찾아낼 수 있지 않을까. 그렇게 위로를 건넨다.

(내게 온 사랑이 아니다)

"너는 내게 온 사랑이 아니다."
얼마나 많은 상처가 지고 아물기를 반복했으면 사랑의 시작, 아니 사랑의 감정이 생기기도 전에 그런 기미가 조금이라도 보이면 내쳐버렸을까. 다가온 그 사람이 어떠한 사랑인 줄도 모르고, 무섭다는 이유 하나로 너는 내게 온 사랑이 아니라며 피했을까.

그렇다고 해서 사랑과 꼭 단절하고만 산 것도 아니야. 그저 길거리를 거닐다가 스치는 사람에게까지 흔들린 적도 있었고, 너를 알지도 못할 사람에게 꽂힌 날도 있었잖아. 그래놓고서는 금방 네가 느끼는 감정들을 억눌러버렸어. 무슨 일이 일어날 줄 알고 마음 놓고 그러겠어.

잘될 사랑이라면, 우리를 아프게 하지 않을 사랑이라면 겉으로 표가 났으면 좋겠어. 누군가는 한 번쯤은 아파 봐야 사랑을 구별할 수 있다고 하지만 그 아픔을 겪고 난 후 남는 흉터는 어찌하라고.

(종이배)

지금까지의 너와의 추억은
검게 얼룩지지 않도록 잘 보관해 둘게.
행복했던 감정까지.
내 사람, 아니 내 사람이었던 당신아.
앞으로는 나 때문에 힘들었던 것 잊고 행복하길 바라.
잔잔한 호수에 우리 추억이 담긴 종이배를 띄울게.
언젠가는 당신도 펼쳐보겠지.
혹 나와의 기억이 모두 좋지 않았다 해도 괜찮아.
대신 좋았던 기억까지 지워버리지는 말아줘.
우리는 행복했었으니까.

(은은한 행복)

은근히, 은은히 느낄 수 있는 행복함이 좋아요.
나는 가끔 우울 속에 퐁당 빠졌다가도
다음날 아침 예쁜 햇살에 눈이 부셔 깨어나는 것과 같이
작은 것에도 금세 행복해하는 바보거든요.
마구 울다가 눈물에 다 젖어버린 베개를 보고
베개가 나를 위로해준 것 같아서 위로를 받아요.
이렇게 바보 같지만 또 행복해합니다.
그렇다고 해서 아픈 기억들을 한 번에 쉽게 잊는 것은
아니에요.
그저 그 기억들이 내 안에서 자꾸만 떠오를 때마다
조용히 극복하는 것뿐이니까요.

(속)

속이 또 뒤집어진다. 평소 잔병치레가 잦아 요즘은 아프지 않은 날이 없는 것 같다. 사실은 나도 아프고 싶지 않다. 내가 있지, 너에게 아프다고 말했던 것은 약을 사달라고 하는 소리가 아니었다. 일부러 걱정시키려고 하는 소리가 아니었다. 대화를 하고 싶어서 했던 말이었다. 이어나가고 싶었으니까. 너랑 이야기하는 것이 은근한 즐거움이기 때문에. 아니, 그저 작은 즐거움이 아니라 삶의 일부였다고나 할까. 그런 네가 자꾸만 흐려지는데 어떻게 손쓸 방법이 없다.

오늘따라 가뜩이나 좋지 않았던 속이 더 아프다. 괜찮다면 한 번만 뒤돌아주길 바라. 네가 여유 있을 때에만 살펴볼 만한 가치라니, 조금은 슬프지만.

(괜찮은 걸까)

요즘은 괜찮아질 것만 같았던 일들이
쉽게 괜찮아지지 않는다.
그저 그렇게 슬쩍 넘어가듯
괜찮아지고 싶지 않은 걸까.
문득 궁금해진다.
이렇게까지 해야 하는 이유는 뭘까.
나 혼자서만 고통 받으면서까지 살아가야 하는 걸까.
이곳에는 우리를 고통스럽게 만드는 존재들이 참 많다.
사람도, 일도.

(자존감)

A: 이제는 잘 모르겠어. 한 번 낮아진 자존감은 자꾸만 낮아져.

B: 몇 번이나 말하지만, 넓은 세상에 너라는 존재는 단 하나야. 그런 만큼 충분히 스스로를 소중히 여겨도 돼.
너 그대로의 모습을 받아들이고 지금보다 더 존중해주고 사랑해주라.

(전화)

여보세요? 아, 나야. 요즘 자꾸 축 처져 보이는데 무슨 일 있는지 궁금해서. 날씨 때문일 거라고? 에이, 단순히 날씨 때문에 그런 게 아니라는 거 다 보여.

힘들 때, 숨기려 하지 말았으면 좋겠어. 숨길수록 더 움츠러들잖아. 그걸 보고 있는 내가 많이 아파서 그래. 너랑 참 친한 사이라고 생각했는데 네가 어떤 걸로 힘들어하고 있는지는 잘 모르겠더라. 친구야, 막연하게 힘내라는 말로는 위로가 되지 않을 만큼 차가운 세상 속에 살고 있는 우리지만 그래도 다 지나갈 거야. 힘이 나지 않을 때는 힘을 내지 않아도 좋아.
그래도 꾸준히 살아가는 우리가 대단하지 않니. 겨우겨우 버텨내지만 다 이겨내고 마는 우리가 멋지지 않니. 우리는 여전히 아이 같고 여전히 성장하고 있구나. 다 커가는 과정 중 하나가 되겠지. 너는 하루하루 살아가는 데 의미가 없다고 생각할지 모르지만 절대 그렇지 않아. 삶 자체로 의미가 있는걸.

오늘은 푹 쉬어, 그럼 다음에 보자.

말 안 해도 알아

(끝)

속에 있는 것들을 모두 토해내고 싶어도 그럴 곳이 없다.
속상함이고 우울함이고 끝이 있기는 한 걸까.
언제까지 이 모든 것을 감당해낼 수 있을지,
솔직하게 말하자면 나는 자신이 없다.

(나만의 시나리오)

타인의 시선 속에 나를 가두고 살아가는 것,
이제는 이만하면 되었다.

평범한 것에서 벗어난 삶을 사랑하고 싶다.
나름의 취미를 두고 싶고,
나름의 향기를 가지고 싶다.
모두가 하는 것에 연연하고 싶지 않다.
뻔하고 형식적인 질문에 얽매이고 싶지 않다.
가끔은 한 번씩 풀어져도 좋겠다.
이상을 추구하는 것도 좋지만,
현재의 삶에 더 집중하고
나만의 시나리오를 짜 나가야겠다.

(미움받는다는 것)

누군가에게 미움받는 것이 너무 무섭다.
모두가 나를 좋아할 수 없다는 것은 알고 있지만,
그런데도 나는 미움받는 것이 두렵다.
그렇기에 너무나도 힘들다.
온종일 머리가 복잡하고 속이 울렁거린다.
나는 단순히 그 사람이 좋아서 다가가고
친해지려고 노력하고 친절한 사람으로 남기 위해 애쓰는데
일방적인 노력은 도통 부질없는 것일까.

(감정소비)

필요할 때만 가까운 척하지 말아주라.
나는 그거 받아주는 데
생각보다 많은 감정소비가 필요해.

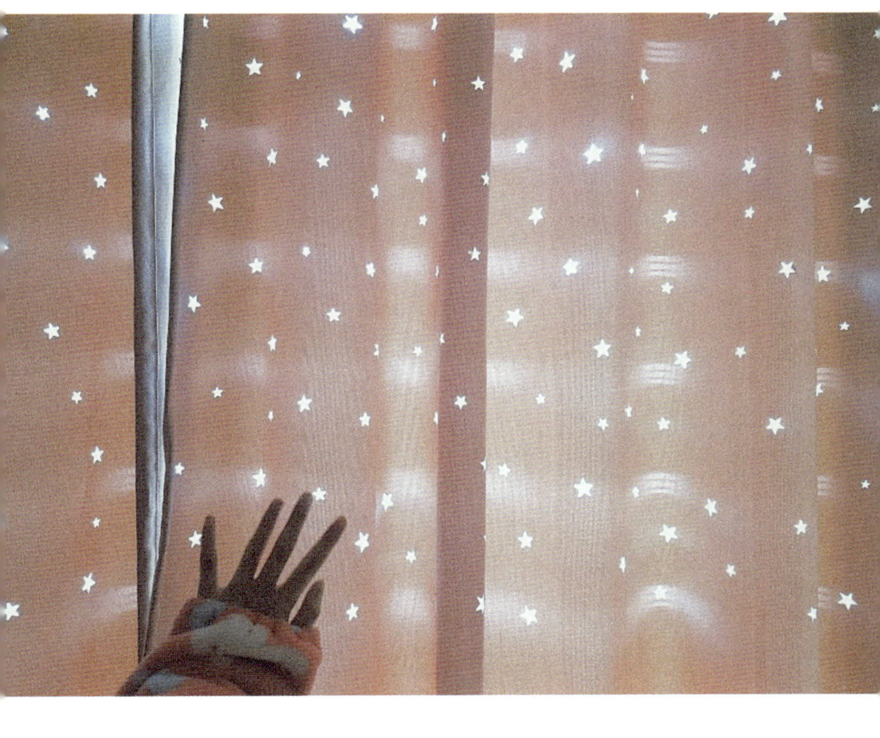

(조금만 더 힘낼까요)

당신, 오늘은 충분히 우울할 수 있는 날이었다.
말 몇 마디가, 아니면 누군가의 행동이,
또는 노력에 비해서 잘 나오지 않는 결과들이
당신 얼굴을 울상 짓게 했을 것이다.
반복되는 것들로 지쳤음에도
당신의 삶을 포기하지 않아서 고맙다.
조금만 더 힘내자고, 그렇게 살아가자고,
그래도 괜찮다고.

(하루하루의 조각)

인생이 다 그런 것이죠, 뭐.
사실 그동안 딱히 관심도 없던 사람에게 미소를 지으며 어떻게 지냈냐고 물어봐야 하고, 알지도 못하는 사람들에게 끊임없이 친절을 베풀어야 하는 그런 것이랄까요. 자기 고집만 부리고 말도 안 되는 이야기를 하는 사람들을 시도 때도 없이 상대해야 하고, 끼니 챙길 시간도 없이 바쁘게 살아가는 발걸음들.

휴, 우리 이제 땀 좀 닦아낼까요.
전쟁터 같은 곳이었다고 해도 다녀와서 우리에게 주어진 휴식 시간에는 잠만 자거나 휴대폰에만 몰입하지 말고 밖으로 나가 봐요. 행복은 그다지 멀리 있지 않아요. 피곤해도 봄, 여름, 가을, 겨울 사계절의 미를 느끼고 소중한 사람들을 만나다 보면 기분이 나아질 거예요. 아니면 집에서라도 멋진 취미 생활을 꾸려봐요. 커피와 독서 타임도 가지고요. 여유가 없다고 하지만 분명 조금씩 시간이 조각조각 존재할 거예요. 힘든 상황에서도 원동력이 될 만한 것들을 찾아내서 해 나가다 보면 세상이 그래도 조금 더 살 만하다고 느껴질 거예요. 이제는 다른 방법으로 힘냅시다, 힘내요.

(포기)

무언가를 사랑하면서 그 대가로 포기해야 할 것들이 생겨났다.

그래도 썩 괜찮았다. 포기해야 했지만 대신하여 사랑으로 얻을 수 있는 것들이 참 많았으니. 사랑한 만큼, 그 감정에 충실했던 만큼 사랑했던 그 시간은 아까워하지 말자. 떨어지는 벚꽃 잎을 잡지 않고 바라만 보는 편이 나중의 나에게 고통을 덜 줄 테니까, 포기해야 했던 것들이 참으로 아깝고 속상하겠지만 새로운 것들로 채워나갈 용기를 배웠다고 생각하자.

사랑은 병이자 약.
웃게도 만들고 울게도 만드는 그런 것.

(의문)

내가 지금도 당신과 함께였다면 어땠을까 조금 생각해보았습니다. 하염없이 당신에게 빠져 있던 나라서, 생각하는 동안 많이 아렸습니다. 어쩌다 암초에 부딪히더라도 꿋꿋하게 다시 일어났고, 부서져도 이상하지 않았을 상황들이 휘감아도 어떻게 잘도 벗어났던 나입니다. 우리는 나름대로 단단하게 사랑했다고 생각했습니다. 그러다가 왜인지 갑자기 조금 시린 기운이 우리를 덮었던 것 같아요. 왜 그랬나요, 당신은. 사람이 사람에게 이렇게 순식간에 등을 돌릴 수도 있구나, 혹은 이렇게도 빠르게 관계가 물거품이 될 수도 있구나 싶었습니다. 나는 지금 당신에게 못난 사람이라서 그리워한다면 죄가 될까요. 많이 실례일까요. 왜 변했을까 의문을 가질 틈도 없이 우리는 갈라섰습니다. 나는 조금 의아해요. 그러나 말은 없습니다. 나는 도저히 말을 할 수 없습니다. 하지만 머릿속은 검은 실들로 가득합니다. 듣고 싶습니다. 또 말하고 싶습니다. 언제쯤 나에게 허락해주실 건가요.

(바람)

바람은 바람이다.
불고 불어서 나아가도록
그대로 스쳐 지나가도록
우리는 그저 내버려 두면 된다.
지나갈 것이 뻔한 바람을 억지로 움켜쥐어 잡아도
바람은 바람대로 지나가게 되어 있으니
흘러간 것은 흘러간 대로
지나간 것은 지나간 대로
미련 없이 보내주면 된다.
나 또한 상처받지 않기 위해서.

(타인의 말)

타인의 사소한 질문과 말들에
지금의 삶을 낮춰버리지 않기를.
그들의 말에 휘둘리지 말기를.
충분히 감사하고 따뜻한 삶을
온전히 나답게 살아갈 수 있으니.

(시간)

그토록 원하던 시간을 떨리는 손으로 만져 보니
세상 무엇보다 따뜻했어.
이것이 나의 시간이구나.
내가 원하는 시간은 너였구나.
다른 것으로는 도저히 대체할 수 없는.

그래, 나의 시간은 오직 너야.

(장마)

사시사철 장마 같던 사람이 있었다. 어찌 그렇게 눈물이 많은가 했다. 여태껏 혼자 그 모든 슬픔을 부둥켜안고 살아온 사람이었다. 주변에 사람이 전혀 없었던 것도 아니다. 다만 온전히 믿을 수 있는 사람이 없었던 것이다. 한 명이라도 있었다면, 한 명이라도 들어줄 만한 사람이 있었다면 그 사람은 이렇게 장마가 되지 않아도 됐을 텐데. 축축한 비 냄새로 가득해져 버린 한 사람의 이야기이다.

(흘러간 것)

몰랐다. 나 눈시울이 꽤 붉어졌었나. 안녕이라고 한다. 심장이 갈라지기 시작했다. 야경이 예쁜 곳의 벤치에 앉아 있었고 두꺼운 사색 볼펜의 똑딱이는 소리만 흘렀다. 볼펜이 한 번 똑딱거릴 때마다 콕콕 찔렸다.
아픈 것쯤이야. 사랑하는 중간에는 어쩌면 이것보다 더 아팠잖아. 그래서 그런지 지금 이 상황이 이상하지가 않다는 말이야. 눈을 감았다. 툭. 볼펜이 떨어졌다. 부서지는 소리가 났지만 눈은 질끈 감고 뜨지 않았다.
빗소리가 나기 시작했다. 나는 더더욱 눈을 뜨지 않았다. 사실 이미 알고 있었다. 앉아 있던 벤치 옆자리가 텅 비어 있던 것을. 잉크는 흘렀고, 시간도 흘렀다.

흘러간 것은 영영 돌아오지 않았다.

(단단한 마음)

주변 사람들이 계속해서 나를 무시하고 상처 줘도 나는 꿋꿋이 버텨야지. 곧 나는 누구보다 빛나는 사람이 될 거니까. 그 사람들 기준에서는 빛나지 않아 보인다고 해도, 성공의 기준에 맞지 않다고 해도, 나는 그들이 따라가려고 하는 성공의 기준에 눈이 멀지 않았으니까. 나는 곧 꽃피울 거니까. 그 사람들에게까지도 향기를 전달할 거니까. 그러니까 나는 상처받지 않아야지. 아파하지 말아야지.

(날씨)

날씨에 따라서 나의 기분이 좌우되는 걸까, 아니면 나의 기분에 따라서 날씨가 좌우되는 걸까. 사실 전자가 맞겠지만, 가끔 신기하게도 내 기분에 날씨가 맞춰지는 날이 있다. 그렇다면 내 삶은 당신에게 맞춰져 좌우되고 있을까, 아니면 나와 당신의 삶 모두가 공존하는 삶을 살고 있을까.

어느 날 당신에게서 느껴지던 따뜻함이 어디론가 사라지고, 나를 보고 행복해하던 당신의 시선이 어느새 다른 곳에 고정되어 있었을 때. 그리고 그 모습을 의도치 않게 발견해 버렸을 때. 화창했던 날씨는 금세 빛이 잘 보이지 않는 밤처럼 어두워졌다. 온통 우울한 날씨로 공기가 눅눅해지고 잿빛으로 가득한 하루가 되었다. 나는 당신을 놓치고 싶지 않았고, 최대한 모든 것을 당신에게 맞추려 발버둥 쳤다. 그래, 나는 당신에게 맞춰져 좌우되고 있었다.

아마 당신의 날씨는 화창할지도 모른다. 그래도, 나는 나의 날씨를 되돌려 놓고 싶다. 우리 그때, 태양빛 찬란히 비춰 화창했던 그때로.

(이유 없이 존재하는 것은 없다)

홀로 피어난 들꽃 한 송이도
모두 이유가 있어서 태어난 것임을.
이유 없이 존재하는 것이 어디 있겠어요.
당신도, 당신도
모두 예비된 길 속에서 태어난 소중한 존재잖아요.
바람에 흔들려 잠시 길을 잃거나
시간이 흘러 상처 날 수도 있겠지요.
그러나 우리는 꺾이지 않을 것을 아니까.
그러니까 더 힘내자는 말이에요, 꼭.

(사소한 것)

겉으로는 그저 걷고 있지만 너무도 속상해서 금방이라도 눈물을 터뜨릴 것만 같은 날. 작은 일 하나를 붙잡고 일이 해결되거나 흐려질 때까지 머릿속으로 계속 생각하면서 끊어내지 못하는 습관이 있다. 나는 단지 조용하고 평화로운 마음을 원했을 뿐이다. 일이 어긋난 것을 알고 끊임없이 생각하다 보면 이 세상 모든 것이 나의 잘못 같기만 하고 그 무엇으로도 용서받지 못할 것만 같았다. 누군가에게 이야기하거나 따지고 본다면 정말 별것 아닌 사소한 일일 뿐일 테지만 나에게는 그 작은 것이 자꾸만 감당하기 버겁고 무거운 큰 짐으로 다가온다. 작은 것은 금방 덜어낼 수 있는 힘이 있으면 좋겠다. 주변에서 들려오는 말을 신경을 곤두세우고 듣거나 지나치게 집착하지 않았으면 좋겠다. 나에게 안 좋은 일이 생기지 않기만을 바라는 것보다는 내가 더 강해지는 것이 빠를 테니까.

행복한 것 떠올리기

이제는 헤지고 낡아버린 기억 중 많은 것이 여전히 영화의 한 장면처럼 생생하게 떠오른다. 다시 과거로 돌아가 그 당시의 내가 되고 그때의 감정을 느끼는 일. 나는 가끔 내가 고통스러운 시간을 보내고 있었을 때가 그렇게 떠오른다. 내가 이 세상 가장 불행한 사람처럼 느껴지는 그런 때.

누군가 억지로라도 미소를 지으면 묘하게 기분이 좋아진다고 했던 말과 계속해서 행복한 기억을 떠올리려고 노력하면 그때의 감정이 다시 전해져 와서 행복해진다고 했던 말이 기억났다. 그런 말은 보통 우스갯소리로 흘려듣고 말곤 했지만 어느 날 정말 아무것도 내 감정을 추스르지 못할 때 속는 셈 치고 행복했던 기억과 소중한 존재에 대해 계속해서 떠올리려고 하니 괜히 좋은 기운이 전해지는 것 같아 괜찮아진 적이 있었다. 가끔은 이렇게 사실인지 아닌지 알 수 없는 말이나 별 의미 없는 말이라도 기억해두면 언젠가 도움이 될 때가 있다.

힘든 시간을 보내고 있을 때 앞으로 있을 행복한 일을 기대하면 기분이 나아진다. 거창한 일이 아니다. 예를 들면 하루 일과에 지쳐 녹초가 되어 집으로 가는 길에 정말 오랜만에 만날 친구들과의 약속을 상상하면 금세 힘이 나고 행복해진다. 또는 어떤 목표를 위해 달리고 있을 때, 지치고 힘들어 포기하고 싶을 때마다 그 목표를 이룬 내 모습을 상상하면 행복해진다.

이처럼 우리의 감정은 스스로도 만들어낼 수 있는 게 아닐까.
자신을 속이는 게 아니라 주저앉아 있지 않고 다시 일어날 수 있도록 도와주는 일이라고 생각하면 좋겠다. 우울할 때 우울한 일을 떠올리면 배로 우울해지듯 아픈 감정 속에서도 행복한 것을 떠올리면 조금이라도 우리의 아픔이 덜해지지 않을까. 마냥 부정적이고 어두운 마음으로만 있지 않으면 좋겠다.

(너를 위해서)

그만두고 싶고 포기하고 싶은 일들이 많아지는 요즘이야. 하지만 우리가 그렇게 하지 못하는 이유는 우리가 해내야만 하는 일들이기 때문이겠지. 앞길이 너무나도 막막할 거야. 금방 손에 쥐어지는 것이라도 있다면 그것이 우리를 움직이게 하는 원동력이 될 테지만 우리가 열심히 달려간다고 해도 금방 손에 원하는 것이 쥐어지는 경우는 생각보다 별로 많지 않은 것 같아.

너의 모든 고민과 포기하고 싶은 마음 모두 공감하고 이해해. 다만 너무 쉽게 포기하지는 말라고 전해주고 싶어. 우리가 어떤 것을 포기하고 손을 놓아버리면 오히려 더 무기력해질 수 있다고 이야기해주고 싶어. 한계가 여기까지인 것만 같고, 더 이상 어떤 것을 위해서 뛰어갈 이유가 사라져버리니까. 네가 여태껏 해온 것이 잘못된 것이 아니야. 분명히 잘 해왔어. 다만 확실한 것은 지금의 아픔이 앞으로의 삶을 위해 단단해져야 할 너를 위한 경험이 될 거라는 거야.

오늘도 지친 몸을 이끌고 하루를 달려온 네가 자랑스럽다고, 삶을 포기하지 않아준 너에게 고맙다고 이야기해주고 싶어.

(결정)

최근에 정말 고민 많이 하고 힘든 선택을 했다고 들었어. 모두 너를 위한, 너의 앞으로의 삶을 위한 어려운 결정이었을 거야. 네 용기가 무엇보다 대단하다고 느꼈어. 내가 오히려 용기를 얻었다고나 할까. 이번 기회를 통해서 너에게 진심인 사람들도 구별하고, 좋은 사람들과 좋은 관계들 더 많이 이어졌으면 좋겠다. 넌 꼭 행복해야 해. 그러기 위해 태어났으니까. 순간의 고통을 이겨내면 후에 분명히 너는 더 밝고 아름다워져 있을 거야. 언제나 응원할게.

(내향적이라는 것)

초등학생 때까지는 나도 분명 활발한 성격이었고, 집에 하루 종일 있는 것보다는 밖에서 노는 것을 더 좋아하는 아이였다. 틈만 나면 놀이터에 가서 유행하던 놀이를 하고 자전거를 즐겨 타고 다녀서 두 다리에는 보랏빛 멍이 한가득 있었다. 하지만 중학생이 되고 친구 관계에서 잊을 수 없을 큰 상처를 한 번 겪은 이후, 나는 내향적인 성격을 가진 아이로 변했다. 원래부터 알고 있던 사람이 아니면 일단 두려워하고 혼자 있는 시간을 더 좋아하는 사람으로 말이다.

세상은 내향적인 사람을 무시하거나 안 좋은 시선으로 바라보는 경향이 있다. 하지만 분명 이야기하고 싶은 것은 내향적인 사람이 결코 사교성이 없고 문제가 많은 것이 아니라 자신의 삶을 누구보다 잘 가꾸어나갈 수 있다는 것이다. 내향적인 성격이어도 친한 친구들과는 굉장히 잘 지내고 일상생활에서 큰 문제가 발생하지는 않는다. 다만 다른 이들보다 머뭇거림과 고민의 시간이 길고 신중할 뿐이다.

내향적이라는 것은 어떤 선택을 할 때 신중함과 관찰력을 선물해준다. 그렇기 때문에 나는 내향적인 성격이 더 큰 힘을 가지고 있다고 말해주고 싶다.

자신은 왜 외향적인 다른 사람들처럼 행동하지 못하고 늘 뒤에서 머뭇거리기만 하는지, 다른 이들의 눈치만 보는지 자책할 필요가 전혀 없다는 말이다. 자주 혼자 있고 싶어 하고 실제로 혼자 있었던 그 시간 동안 당신은 다른 이들보다 많은 시간을 자신을 위해서 사용했고 그로 인해 당신을 발전시켰을 것이다. 자기 자신을 존중해주고 그대로를 받아들이라는 말을 많이 들어봤을 것이다. 그렇다. 자신이 만약 내향적인 성격을 가지고 있다면 그런 성격을 가진 자신 그대로를 받아들이고 장점으로 가꾸어나가면 된다. 주눅들 필요도, 숨을 필요도 없다. 당신이 세상을 바꾸어 나갈 주인공이니까.

(걱정)

코앞에 닥친 해내야만 하는 일들이 지금은 네 인생의 전부 같아도 꼭 그런 것만은 아니라는 거 사실 너도 잘 알고 있잖아. 포기해도 된다는 말이 아니라 자신을 고통스럽게 만드는 생각과 행동을 하지 말라고 말해주고 싶었어. 지금까지 네가 부딪혔던 세상의 전부 같았던 것들, 지금 와서 보면 어때. 다 그런 거야. 시간에 쫓기고 잠에 쫓기고, 힘들었구나 많이. 적당한 걱정은 필요하겠지만 너무 걱정하지는 말라는 말이야. 부딪히고 깨져도 낙담하지만 말라는 거야. 네가 그랬으면 좋겠다.

(길)

이 길이 내 길이 맞는지
내가 꾸준히 할 수 있는 일일지
걱정과 고민으로만 가득 차 있지 말고
나름의 확신과 자신감을 가지고
한 발짝씩 디딜 수 있는 사람이 되기를.

(판타지)

판타지를 참 좋아한다. 판타지 영화를 즐겨 보고, 판타지 음악을 듣고, 사진을 감상하기도 한다. 내가 처음으로 시리즈로 된 책을 다 읽어 본 해리포터, 한 편의 영화를 여러 번 돌려 본 지브리 혹은 디즈니 영화처럼 모두 내가 좋아하는 것이다.

그런데 어느 날, 판타지를 보고 듣다가 괜히 눈물이 나기 시작했다. 왜 눈물이 나는지는 충분히 짐작할 수 있었다. 현실과는 너무나도 괴리감이 느껴지는 곳이었고, 실제로는 이 세상에 존재할 수 없다는 것을 슬프지만 잘 알고 있었기 때문이다. 한때 그런 드라마틱한 곳을 보며 현재 살아가는 이곳에 대해 한숨만 푹푹 쉬었던 적이 있었다. 그러다가 우연히 본 댓글이 하나 있다. 사진 속, 영화 속 저곳들은 모두 행복해 보이고 별일 없어 보이지만 분명 그곳에서도 그 생활이 반복되다 보면 문제가 생길 것이고 지루함과 같은 감정이 생길 것이라고.

많은 사람들이 무엇인가에 쉽게 적응하고, 익숙해지고, 결국 싫증낸다. 우리는 진정 원하는 것이 자신에게 없을 때는 우러러보고 진심으로 원하다가 막상 그것이 손에 들어오면 별것 아닌 것으로 취급한다. 그러다가 갑자기 그것을 잃었을 때, 그 빈자리를 더욱 절실하게 느낀다. 생각해보면 당연한 것이었다. 그래서 나는 나의 생각을 먼저 바꾸는 게 중요할 것 같다는 생각이 들었다. 판타지 세계 속에서 살든 이곳에서 살든 나의 마음가짐에 따라 행복이 좌우되는 것임을. 아무런 조건 없이 행복했다면 우리에겐 행복을 얻기 위한 노력이 필요하지 않았을 것이고 행복을 얻었을 때의 뿌듯함도 없었을 것이며 어쩌면 행복이라는 그 자체의 개념을 상실했을지도 모른다.

그러니까 우리의 삶이 이곳에서는 건조할지도 모르지만 내 삶이 행복할 것이라고, 혹은 행복하다고 생각하는 순간 정말 행복해질지도 모른다. 좋은 것, 행복한 것이 많은 삶인데도 이것에 익숙해져 버린 나머지 우리의 두 눈에는 부정적이고 나쁜 것들만 보일 수밖에 없다. 그러나 이 삶에서도 부정적인 것들보다 행복한 점들을 꾸준히 찾아나갔으면 좋겠다.

우리는 행복하기 위해서 태어났다고 해도 과언이 아니니까.

(안부)

어느 곳에서나 꾸준한 사람이 되고 싶었다.
비가 올 때면 그들에게 먼저 안부를 묻고,
아플 때나 힘들어할 때 위로가 되어주며
나의 존재가 그들에게서 잊히지 않기를 바랐던 것 같다.

정작 오늘의 날씨도 모른 채
우산도 없이 흠뻑 비를 맞은 나에게는
한 마디의 안부도 없었다.

(인정)

이제 그만 상황을 인정하고
온전히 당신의 삶을 살아갔으면 좋겠다.
회피한다고 해서, 모르는 척한다고 해서
상황이 갑자기 좋아지기는 어려우니까.
미련 두지도 말고, 애매하게도 말고,
쿨하게 받아들이고 일어서려고 노력했으면 좋겠다.
어려운 일은 직면할수록 때로는 해결책이 보인다.

(위로)

아무도 모르게 눈물로 밤을 지새우던 날들이 있었을 거야.
너도 나도 겪고 싶어 하지 않는 그런 것들.
사람에 사랑에 치이느라 털썩 주저앉고
무릎이 파래지고 상처 날 때까지 말이야.
누군가에게 이야기할 수도 없고
누구도 나의 상처에 신경 써주지 않을 때
잡을 곳이 없어 몇 번이고 두리번거려 봐도
혼자라는 감정이, 텅 비었다는 느낌이 얼마나 무서웠을까.
늘 내 곁에는 누군가 있어줄 거라고 생각했고
혼자가 되는 것은 내 이야기가 될 수 없다고
부정했을지도 몰라.
그러다가 그렇게 상처를 겪고 나니 알았지.
누구나 혼자가 될 수 있고 상처에 허덕일 수 있다는 것을.
손을 뻗는 곳마다 오히려 가시가 날아올 때
그게 너무 무서워서 오랫동안 손도 뻗지 못하고 그랬지.
그래도 자신의 소원과 꿈을 포기할 수는 없잖아.
얼마나 소중한 것들이야.
정말 안간힘을 써서라도 일어서려고 노력하자.
이전과 다른 눈으로 세상과 사람을 바라봤을 때

보지 못하던 것들이 보이면서
긍정적인 기운에 힘을 얻을 수 있고
생각지도 못했던 좋은 사람들이 눈에 띄게 될 거야.
사람을 두려워하지 마.
혹시 알아, 그들로 인해 상처를 치유할 수 있을지도 몰라.
멀리서 실눈 뜨고 바라봤을 때
사람이 사람으로부터 상처받는 것이 더 커 보이지만
그 아픔이 무뎌지게 도와주는 것도 결국 사람이잖아.
그리고 정말 일어나려고 노력하고 또 노력했을 때
그 노력은 빛을 발해.
적어도 노력이라는 것이 빛도 보지 못하고
그대로 사라져버리지는 않아.
포기하지 말라는 말이 이럴 때 쓰이는 거야.
포기하지 말아주라.
세상에서 빛을 발하려고 그 오랜 시간 버티고 태어났잖아.
아픔은 힘의 원동력이 된다고 이야기해주고 싶었어.
두려움도 마찬가지야.
이 세상에 태어나서
상처받은 것을 축하해.
더 강해진 것을 축하해.
자신의 아픔을 통해서 더 많은 이들을 사랑할 수 있는
사람이 되기를.

(추억)

추억은 종종 꿈처럼 느껴진다. '나에게 그런 일이 있었나.', '내가 그런 사람이었나.' 하며. 반짝이던 장면들이 깨지고 흩어져 나중에는 희미하게 기억나는 것들이 된다. 그리고 다시금 제자리로 되돌아와 조금씩 조각이 맞춰질 때, 비로소 그때에 내가 있었음을 느낀다.

좋은 추억이든 나쁜 추억이든 시간이 지나고 나면 이것들은 자꾸만 예뻤던 추억인 척을 한다. '너는 그때 그만큼 아프지 않았다.', '모두 별것 아니었다.' 하면서.

언젠가 한 번은 추억이 좋고 나쁘고를 떠나서 어떤 사람은 잊고 있을 상황을 머릿속으로 혼자 떠올리는 모습이 싫었다. 한참을 설레며 발을 구르게 했던 일들도, 한참을 배게 위에 머물도록 했던 일들도 모두. 기억해줬으면 하는 것들과 나에게 소중한 것들도 그들은 너무나도 쉽게 잊어버리고 깨뜨려버렸다. 유리가 산산조각이 나고 부서지면 너무 작은 조각들이 되어 거의 보이지 않는 것처럼, 곧 깨진 유리조각들은 쓸리고 쓸려서 버려지니까.
쓸데없는 세세한 것까지 자주 기억을 하는 탓에 나만 기억하고 있는 기억들이 가끔 나를 아프게 할 때가 있다.
그래서 가끔 돌아보고 싶지 않은 과거와 추억들을
자꾸만 돌아보게 만드는 것이 무섭고 싫었다.

그들은 지금도 기억하지 못하겠지, 아마도.

(너에게 닿기를)

네가 좋아하는 것에 내가 곧 존재할게. 아니, 네가 그저 관심만 가지는 것이더라도 말이야. 뻔한 말이지만 사랑하면 닮는다느니 뭐 그런 말들 있잖아. 어쩌면 닮으려고 노력하다 보니 그렇게 되는 게 아닐까 싶어. 네 속에, 네 곳곳에 내가 스며들면 조금이라도 가까워질까 싶어서 말이야. 어쩌다 창문 곁 꽃병이 비어버리면 내가 그 꽃병의 꽃이 되어줄게. 네가 좋아하는 꽃은 무엇일까. 그리고 무슨 색일까. 아무렴, 무엇이든 네가 좋다면 나도 좋아. 집에서 홀로 외로이 울고 있을 때면 내가 베개가 되어줄게. 아니면 머리맡에 있는 갈색 곰 인형이 되어줄까. 혹은 네가 즐겨 읽는 위로되는 책 한 권이라도. 그만큼 나는 스며들고 싶다는 거야. 네가 내게 스며든 만큼, 내가 곧 닿았으면 좋겠어.

(책)

어둠 속 아프게도 달이 밝아요. 늦은 새벽 두 눈 지그시 감았더니 이런 생각이 들더군요. 내가 지금까지 소설책 한 권을 읽은 것 같다는. 책을 읽을 때는 참 황홀했는데 마지막 페이지를 붙잡고 머뭇거리다 결국 책을 덮고 나니 무언가 허무해서요. 머릿속에는 잔뜩 공간을 차지하고 있는 모습들이 뻔히 있는데 손에 잡히는 게 없잖아요. 세상에서 두 번 다시는 내 손으로 잡고 읽을 수 없을 책이 될 것 같아요. 남은 흔적들은 책갈피로 만들어 사이사이에 끼워 놓아야겠죠. 책이 뭐라고 놓지를 못하네요. 보고 싶은 주인공이 있어서겠죠. 보고 싶어요.

(고통)

네가 없는 순간에는 네가 사라진 것만 같아 바다에 빠져 죽어도 괜찮을 것 같았다. 바위에 부딪히는 파도 소리에 귀가 아려서 두 귀를 막았지만 바다가 더 크게 우는 바람에 팔에 힘이 다 빠져 스르륵 주저앉았다. 두 다리의 존재의 이유는 생각할 틈도 없이 나는 그대로 바닷물 속으로 들어가 가라앉았다. 네가 없는 고통은 이만큼이나 된다고. 말로 표현할 수 없는 고통이라고.

*

물건이 사라져 그 빈자리가 거슬리는 것보다 네가 갑자기 떠났을 때의 빈자리는 너무나도 크고 공허했다. 처음 느껴보는 시린 기운이었다. 한동안 충치로 인해 앓다가 뒤늦게 치과에 가면 그 구멍이 더 커지고 아픈 것처럼 나도 한동안 너를 앓았고 다시 너로 채우지 않으면 구멍이 블랙홀이 되어 모든 것을 잃어버릴 것만 같았다.
여러 날 동안 많은 것들을 버릇처럼 꿀꺽 삼켜냈다. 삼키고 나서 가시인 걸 알아버린 셈. 한 번 따갑고 거슬리는 곳이 생기면 어서 뜯어내버리고 싶어진다.

일렁이는 바다 앞에서 차가운 파도를 맞고 있자니 네가 또 철썩철썩 파도를 치며 눈앞에서 일렁인다. 이대로라면 들어갈 수 없는 바다 저 깊은 곳에서 살아가는 것이 더 나을지도 모르겠다.

(진심)

누군가에게 진심을 전하고자 할 때
우리에게 얼마나 많은 용기와 머뭇거림이 필요한지 모른다.
그런 진심을 무시한다는 것은
이야기를 꺼내기까지 수없이 고민했을 상대방의 소중한 시간을
한순간에 파도처럼 앗아간다는 것이다.
진심을 무시한 채 혼자서 달려나가면
다시 그 진심이 아픈 화살로 돌아올 것이다.

그래서 나는 당신에게 묻고 싶다. 당신은 왜 그때 나의 진심을 못 본 척했냐고.

(불완전함)

우리는 불완전한 존재여야 하는 게 맞다.
우리가 완벽했다면 살아가는 의미가 없을 테니까.
부족함 덕분에 무언가를 열심히 배워도 보고
무언가에 치이고 치여 아파도 보고
결국 삶 속에서 부족함으로 인해 겪은 것들이
우리에게 값진 경험으로 되돌아온다.

부족한 것들에 눈물 흘리지 않아도 된다.
누구나 부족함 때문에 힘든 시기를 겪는다.
당신이 부족한 것은 어쩌면 당연한 일이다.
내가 하고자 하는 일이라면,
부족함을 인정하고 극복하려고 노력해 나가면 된다.

지금까지 걸어왔고 앞으로도 걸어갈
당신의 발걸음을 아름답게 바라보자.

(행복)

삶에서 행복이란 빠질 수 없는 감정이다.

들춰보면 갖가지 헌 상처와 너덜너덜해진 아픔들이 널브러져 있다. 마음에서 자라고 있는 맑은 초록색 풀들을 자꾸만 갉아먹는 그 존재들을 혼자 힘만으로는 도저히 없앨 수가 없다.

우리는 그것들과 싸우려 하지만 결국 상처만 맛보거나 심하면 흉터까지 남게 될 때도 있다. 어쩌면 매일 상처와 사투를 벌이는 날일지도 모른다. 그러나 자신도 모르게 그런 상황들에 익숙해져서 빨간 상처와 멍들을 알아채지 못하고 있는 것일 수도 있다.

우리는 많이 아프다. 도저히 예측할 수 없는 미래와 당장 닥친 수많은 일을 감당하기 부담스럽다. 그럼에도 우리는 꿋꿋이 나아간다. 그래도 무엇인가 원동력이 되는 것들이 있다는 뜻 아닐까.

지치고 피곤하다는 부정적인 생각이 들 때쯤, 곧장 그 원동력을 찾아내길 바란다. 소소한 것이라도 행복을 느끼게 해주는 것이라면 모두 좋다.

어렸을 때만 타던 자전거를 요즘 다시 타게 됐다. 하도 오랫동안 타지 않았더니 벌써 많은 부분이 헤져 있었다. 타지 못할 자전거인 줄로만 알았는데 막상 바퀴에 바람을 넣어주니 쌩쌩 잘만 달린다. 내가 다시 타게 될 줄 미리 알고 고장 나지 않았던 건지, 참 고맙다. 귀가 시릴 정도로 열심히 자전거를 타고 밤공기를 마시며 공원을 도는데, 내내 행복했다. 관심 없던 일이었는데 이제 나에게 행복한 일이 된 것이다.

모두에게는 분명 행복을 더해주는 일들이 있다. 좋은 글을 읽을 수도 있고 혼자 집에서 영화를 보며 쉬거나 그냥 잠만 자는 것조차 행복이 될 수 있다. 각자만의 행복 근원지를 찾고 힘든 일이 닥쳐도 금방 힘을 낼 수 있는 삶을 살았으면 좋겠다.

(무너짐)

새로운 관계가 이루어졌다고 기뻐하고 있을 무렵,
갑작스럽게 등을 떠밀려 뒤로 넘어졌다.
나는 다시 원래의 자리로 돌아오게 되었다.
나는 원래 혼자였고, 돌아왔으니 또다시 혼자이다.

혼자라는 것은 결코 나의 이야기가 될 수 없다고
부정했었다.
나는 늘 누군가와 함께일 줄 알았지,
이렇게 혼자가 되어 두려움과 불안에 빠져 있을 줄은
몰랐다.
단 한 명이라도 나를 밀쳐내는 것이 눈에 훤히 보이면
나는 온종일 손톱을 물어뜯고
고개를 푹 숙인 채 고뇌하기도 했다.

밀쳐내는 가해자는 모른다.
어떠한 영문도 알지 못한 채
밀쳐진 피해자의 속이 얼마나 썩었으며
얼마나 까만 재가 되어 가는지.

(미지근함)

나는 우리의 미지근함을 사랑한다.
나는 우리의 나른해짐을 사랑한다.

막연히 뜨겁기만 한 것들은
서서히 들어오는 차가운 안개에
곧장 사라져 흩어질 것을 아니까.

나는 그래서 보통의 것을 사랑한다.
식어가는 장면을 보면서
가슴 졸이며 불안해하지 않아도 되니까.

(충고)

사랑할 때는
조금의 망설임과 의심도 들지 않는 사람과 함께해야 한다.
사실 나는 그 사람을 그렇게 많이 좋아하지 않는데
단순히 그 사람이 나를 정말 좋아하는 것 같다고 느껴서
사귀는 것은
없어도 됐을 상처의 도화선에
불을 붙이는 일이라고 말하고 싶다.

나는 어떠한 선을 단호하게 끊어내지 못해서
마음 아픈 일을 겪은 적이 있다.
내 마음이 약해서 그런 것도 있지만,
이것이 그 이유였다고 한다면
아마 핑계로 들릴지도 모르겠다.
그러나 나는 정말 거절하는 것에 특히 약하다.
어떻게 하면 상대방의 기분이 그래도 덜 나쁠까
생각하며 어떻게 돌려 말할지 고민만 정말 오래 한다.

많은 이들이 그렇겠지만
나는 내가 상처받는 것에 대해 예민하고

한 번 아프면 몇 년이 지나도 잘 잊지 못하는 편이기 때문에
다른 사람에게도 아플 일을 만들어주고 싶지 않았다.
그런데 살다 보면 자꾸만 누군가를 끊어내야 하고
거절해야만 하는 일이 생겼다.
나는 그게 너무 싫었고, 피곤했고, 무서웠다.
결국 끝내 나는 어떤 선을 손에 쥐고 잘라내지 못했고,
상대방은 잊을 수 없는 상처를 받았다.

이미 늦었지만 후회했다.
정말 오랫동안 후회했고
어쩌면 지금까지도 후회하고 있는지도 모르겠다.
그러니까 몇 번을 후회하고 아프기 전에,
나중을 생각해서라도 당신이 끊어내야 할 부분은
적당히 끊어냈으면 좋겠다.
끊어내는 순간에는 무엇보다 힘들고 괴로울지 몰라도
당신과 당신이 끊지 못해 끌려 다닌 사람은
한동안, 혹은 몇 년을 상처 속에 살아야 할지도 모르니까.

(구름만큼)

너는
그냥 온전히
한 움큼 쥐었을 때
딱 포근하기만 해.
더도 말고, 덜도 말고.
구름만큼 사랑해.

(관계)

나와 맞는 사람과 함께하는 것이 얼마나 마음 편하고 좋은 일인지 한 번 깨닫게 되면 이뤄지지 않는 관계에 대해 더 이상 연연하지 않게 된다. 나와 맞는 사람과 함께하기만 해도 충분히 행복할 수 있으니까. 맞지 않는 사람, 나의 일방적인 노력으로는 진전이 없을 관계에 연연하지 않아도 당신 곁을 지켜주는 소중한 사람들만으로도 당신은 그들 곁에서 편한 마음으로 지낼 수 있으니까. 떠난 사람을 아쉬워하되 오랜 시간 미련 두지는 말자.

(한숨)

하루 종일 힘들다는 말밖에 나오지 않는 시기가 있다. 아마도 지금이 그런 시기일까. 한숨이 꽤 잦아졌다. 이 한숨의 근원지를 찾고자 하면 분명 끝도 없을 것이다. 힘든 시기에는 꼭 나를 배로 힘들게 하는 일이나 사람이 생긴다. 아마도 최악의 상황이 될 것이다. 주변에서 너만 힘드냐며, 그런 것 가지고 왜 힘들어하냐며 타박을 할 때도 있다. 그러나 이겨내야 한다. 이겨내야만 한다. 포기하지 말아야 한다. 내려놓지 말아야 한다. 너는 아직 꽃피우지 않은 사람이니까.

(두려움)

사랑하는 것들로 인해
상처받게 될 것을 미리 걱정하기보다는
후회 없도록 충분히 사랑하고
두려움 때문에 많은 것을 잃지 않았으면.

(시작)

새롭게 시작하는 일보다
원래 해오던 일이 더 버겁게 느껴질 수 있다.
늘 했던 일이라고 해서 부담이 없을 수는 없다.
너는 무조건 잘할 것이라며
강요하지 않았으면 좋겠다.

(과정)

꼭 많은 이들이 걸어가고 있는 길에
발맞추어 따라갈 필요 없어.
너에게 필요한 과정이라고 생각되면
함께 걸어가면 되는 거고
그렇지 않다면 너의 길을 찾아가는 거지.

(언어)

언어라는 것은 복잡하고도 오묘하다. 우리는 살아가면서 많은 문장과 단어를 접하고 읽는다. 그중 우리를 울게 만든 것도, 웃게 만든 것도 있을 것이다. 어떤 문장은 우리의 마음에 파도처럼 다가와서 가슴을 적신다. 그 문장들은 가끔 훗날에도 곱씹어 볼 수 있도록 우리의 글씨로 다시 한 번 써진다. 그렇게 문장들은 이동한다. 그렇게 이동한 문장들은 또다시 누군가의 마음에서 파도치게 된다.

종종 누군가의 한 마디로, 책에서 읽은 한 문장으로 한 사람의 인생이 변화하는 일을 보게 된다. 그만큼 언어는 알 수 없는 힘을 가진 존재임이 분명하다. 사람을 살리기도 하고 무너뜨리기도 하는 말만큼 중요한 것은 없을 것이다.

여러 글을 쓰고 또 많은 사람들의 이야기를 들으면서 늘 느끼는 것이 바로 이것이었다. 글의 힘, 즉 언어의 힘. 글이 가지는 긍정적인 능력 말이다.

세상에는 셀 수 없이 다양한 언어와 문장이 있지만 우리는 그것들 중 좋은 영향력을 끼칠 수 있는 말을 많이 사용했으면 좋겠다. 분명 우리 주변에는 우리에게 상처를 주고 부정적인 영향을 끼치는 말을 하는 사람도 많을 것이다. 그러나 우리는 그들과는 다른 삶을 살아야 하지 않을까. 나부터 좋은 말을 많이 내뱉기 시작하면 주변 사람들도 변화할 수 있게 될 것이다. 나는 언어의 힘을 믿는다. 우리는 언어의 힘을 믿는다.

(조급한 마음)

조급한 마음에
조급하게 행동했고
짧은 노력의 시간에 비해
큰 기대를 해버린 탓에
막상 다가온 별것 없는 결과에
또다시 무너지고 아파했다.

(본 모습을 사랑해주는 것)

원하지 않는데 눈물을 흘릴 때면
나 자신이 한없이 작고 약하게 느껴질 때가 있어.
울지 않으려고 했는데 손 놓고 울어버릴 때,
나는 왜 이것밖에 안 되나 하고 울적할 때가 있어.
나도 강한 마음을 가지고 싶은데,
무슨 일이 일어나면 그저 덤덤하게 넘기고 싶은데,
한 가지 일에 목매고 오랜 시간 끙끙대는 나를 보면
내 모습에 내가 안쓰러울 때가 있어.
다들 그래, 누구나 무너지고 그래.
애써 강해지려고, 무덤덤해지려고 할 필요 있나.
네 모습 그대로, 그 자체를 사랑해주는 사람을 만나면 되지.

(평범함)

평범함을 공유할 수 있는 사람과 함께할 수 있으면 좋겠다.
오늘 먹은 밥은 어땠고, 오늘 한 알바는 어땠는지
소소한 이야깃거리로 충분히 마음을 나누고
미소 지을 수 있는.
서로가 꽤 오래 떨어져 있거나 연락이 닿지 않을 때엔
서운하기보다는 걱정을 먼저 하게 되는 사람.
그만큼 편한 사이가 되었음에도 그 속에서
묘한 특별함을 선물해주고 즐거움을 만들어주는 사람.
그런 사람과 함께하고 싶다.

(그런 사람)

구구절절 설명하지 않아도 가끔 내 마음을 알아줄 사람이 필요했다. 남들에게는 아무렇지도 않은 것으로 여겨질 일이라도 내가 이야기할 때만큼은 내 편이 되어주고 공감해줄 사람이 필요했다. 어느 날 다리에 힘이 풀려 주저앉을 정도로 슬퍼하고 있을 때 말없이 내 옆에 함께 앉아 묵묵히 지켜주고 눈물을 나눠줄 사람이, 정말 간절했다.

(손을 내민다는 것)

누군가와 사소한 다툼 후에는 꼭 먼저 손을 내미는 편이다. 그렇지 않으면 하루 온종일 마음이 불편해서 견딜 수가 없다.

알고 보면 먼저 손을 내미는 것이 더 좋은 일 같다. 자존심을 세우고 아무 말 없이 있어봤자 상처의 틈만 더 벌어질 뿐, 좋아질 일은 보통 없으니까.

내가 더 잘못했기 때문에 먼저 손을 내미는 것이 아니다. 그리고 누군가 나에게 먼저 손을 내민다는 것은 결코 내가 잘했기 때문이 아니다. 이것을 한 번 알게 되면 서로가 서로에게 거리낌 없이 다시 먼저 다가갈 수 있게 되고 관계 유지가 한결 편해진다.

먼저 손을 내미는 것, 한 번 시작하면 금방 쉬워질 수 있는 것이다.

(먼 길)

마음 놓고 가까워지고 싶어도 가까워질 수 없는 관계가 늘어난다. 환경, 상황, 시선, 미래. 여러 이유로. 그 사람을 놓쳐야만 나도 그 사람도 앞으로 살아가는 데 걸림돌이 생기지 않는 상황. 아파도 어쩔 수 없는 일. 세상 가운데 그와 나만 있었다면 나는 아무런 고민 없이 꽉 안아서 잡았을 텐데, 옷깃만 스치고 보내줘야 하는 상황이 너무 마음이 아프다.

빙빙 돌아 먼 훗날에는 가까워질 수 있을까.

(운명)

돌고 돌아도
아무리 내가 피하려 하고 외면해도
결국 그 끝에서는
어쩔 수 없이 만나게 되는,
운명이라는 말을 제외하고는
도저히 표현할 수 없는 사람.

(친구)

나의 삶을 공유하고
매일을 함께할 수 있는 친구가 있다는 것은
당연한 것이 아니라 행운이다.

그들이 없을 때의 공허함과 텅 빈 것 같은 주변 분위기.
가끔은 미워 죽겠지만 어쩔 수 없이 떠오르는,
오래 만나지 못하다가 오랜만에 만났을 때에도
어색함 없이 대화를 주고받을 수 있는 존재.

그들이 없었다면 나 또한 없었을 것이다.

(사랑받을 사람)

네가 사랑하는 것들이
또한 너를 사랑했으면 좋겠어.
너는 사랑받을 자격이 있어.
조금 더 자신감을 가지고 행동하면 좋겠어.
너를 미워하는 것들 때문에
너무 아파하지 않으면 좋겠어.
너를 미워하는 존재 때문에
자신을 미운 사람으로 만들지 말아.

(잘 자)

오늘은 걱정 그만 내려놓고 자자. 우린 늘 걱정하는 게 걱정이야. 오늘 하루만 해도 참 많은 일이 있었어. 네 머릿속을 복잡하게 하는 일들, 네 마음을 심란하게 만드는 일들이. 끝없이 걱정하다 보면 이제는 걱정이 습관이 될 거야. 다른 생각을 하다가도 걱정으로 빠지고 행복을 느끼는 순간에도 걱정만을 하게 될지도 모른다는 말이야. 아, 물론 걱정이 꼭 나쁜 것만은 아니야. 그만큼 그 일에 신경 쓰면서 집중할 수 있게 되니까. 다만 걱정이 계속되면 네가 힘들어지니까. 그걸 아니까. 잠잘 때만큼은 걱정은 내일로 미루고 잘 잤으면 좋겠다고. 우리가 꾸는 꿈에서라도 행복해야지. 잠이라도 편하게 자야지. 울지 말고. 그러다가도 언젠가 걱정하던 일에 부딪히게 됐을 때 곧잘 이겨내리라 믿어. 아프지 말고, 잘 자.

(향)

나는 나의 향을 알지 못한다. 나에게 나는 누구보다도 익숙하니 그만큼 무뎌졌을 테니까.

사람이 같은 향을 계속 맡고 있다 보면 나중에는 그 향이 어떤 향이었는지 잊을 정도로 익숙해진다. 세상에는 셀 수도 없이 많은 향이 있다. 우리가 자주 사용하는 샴푸부터 향수, 바디워시에도. 그만큼 인위적인 향은 우리에게 익숙하다.

어떤 사람에게는 인위적이지 않은 특유의 향이 난다. 그래서 가끔 우리는 사람을 향으로 기억하기도 한다. 그리고 우리는 추억만큼이나 향을 잘 기억한다. 별일 없이 길을 걷다가도 내가 알고 있는, 어디선가 맡아 본 향을 맡게 되면 온갖 추억이 오랜만에 나를 감싼다. 어릴 때 자주 갔던 곳의 향이, 한때 사랑했던 사람의 그 향이 우리를 잠시나마 미소 짓게 그리고 눈물 나게 만든다.

어쩌면 향이라는 게 있어서 참 다행이라는 생각이 든다. 잊고 싶지 않은데도 시간이 흘러 무의식중에 잊게 되는 것들을 다시 닫혀 있던 앨범 속에서 꺼내주니까.

(상처)

사람을 만나는 것이 불안하기만 하고
무슨 말이 들리면 모두 나를 향한 화살 같았다.
눈만 마주쳐도 온갖 두려움에 떨어야 했다.
온 우주가 나만 빼고 돌아가는 기분.

한 번 겪은 상처는 쉽게 사라지지 않는다.
그렇게 생생한 것도 없다.
상처준 사람에게는 피식하고 말 일이 될지도 모르지만
적어도 상처받은 사람에게는
전혀 피식할 일도, 웃어넘길 일도 아니게 된다.

(어땠을까)

정말이지 아주 가끔 그런 생각을 한다. '우리가 미숙할 때 사랑하지 말고 지금쯤 사랑했다면 참 좋았을 텐데.'라는 생각. 그랬으면 이렇게 아는 얼굴을 지나쳐 가야만 하는 상황이 아프지 않았을 테고, 추억을 머금은 사람인데도 아무 말도 못하고 지나쳐 가도록 내버려 두지는 않았을 텐데.

(마음)

다들 내 마음을 몰라주는 것 같아.
내가 하는 말들에 대한 대답이 정해져 있는 건 아니지만
그래도 되돌아오는 말들이 참 허무하고 답답해.

*

답답한 구석이 늘어난다. 부정적인 생각이 온통 머릿속을 차지하고 나가지를 않는다. 부정에 대한 언어가 한 번 시작되면 꼬리에 꼬리를 물어 이 세상을 혐오하기 시작한다.

더럽다, 더럽다고. 입술에 검은색을 칠하고 혀로 검은 말을 씹는다. 이러면 안 되는데 싫으면서도 살아가야만 하는 이곳이 참 그렇다.

우리가 헤쳐 나가기에는 너무나도 버거운 것들이 버거울 만큼 많이 존재한다. 긍정적이고 싶지만 부정의 것들이 얼굴을 한 번 쥐어뜯기 시작하면 고마운 것들은 눈곱만큼도 보이지 않는 걸 어떡하나.

(품는 것)

세상의 많은 것들을 모두 품어줄 수 없고
그 많은 것들 모두가 당신을 품어줄 수도 없다.
그 누구의 잘못도 아니니
무언가를 품지 못했다고 해서
너무 아쉬워하고 아파하지 말기를.

(미안함)

소중한 사람들의 곁에 머물 때 종종 이런 생각이 든다. '나의 환경이 조금이라도 더 나았다면, 내가 더 멋진 사람이었다면 이 사람들까지도 행복하게 해줄 수 있었을 텐데.'라는 생각. 어쩔 때는 내가 너무 부족하고 못난 사람으로 느껴져 이런 모습을 가진 나임에도 불구하고 옆에 머물러주는 그들에게 참 미안하고 고맙다. 사랑하는 만큼, 소중히 생각하는 만큼 늘 미안한 감정도 배로 드는 듯하다. 그러니 지금 내 곁에 있는 사람들에게 더 잘해주고 싶다는 마음이 들 수밖에.

(아름다움)

어떤 거창한 수식어를 붙여 보아도 두 입술로는 표현할 수 없는 우주 같은 아름다움이 있다. 한곳에 머물러 은은한 종소리를 울렸으면 하는 것은 늘 한곳에 머무르지 않는다. 어서 내 안에 들어와 날개로 심장을 두드렸으면 좋겠다. 그렇게 심장이 두드려질 때마다 다시 한 번 온 우주의 향기를 느껴 봤으면 좋겠다. 아름다운 것이 떠나지 못하도록 잡을 수 있는 그 무언가가 내 안에 존재했으면 좋겠다. 내가 그것을 사랑하여 발버둥 치는 동안 그것 또한 나를 사랑해 주었으면 한다.

(핑계)

오늘 날씨가 좋다는 말로 당신에게 관심이 있다는 말을 가렸고, 배가 고프다는 핑계로 당신을 보고 싶다는 말을 가렸으며 지금 뭐하냐는 말로 내일 당신을 만나고 싶다는 말을 가렸다.
생각보다 가까운 곳에 있는 당신의 사랑을 내가 말하기 전에 당신이 알아차려 주었으면 한다. 좋아한다고, 사랑한다고. 소나기가 앞을 가리기도 하고 먹구름이 푸른 하늘을 가리기도 하지만 이 모든 것이 당신을 향한 내 마음은 가리지 못할 것이다.

(모래)

아무리 많은 것들을 사랑해도 그들이 그만큼 나를 사랑해주지 않는 것을 알았을 때 마음이 무너져 내렸다. 온 힘을 다해서 놓치지 않기 위해 한 움큼 쥐고 있던 것이 부스스 흘러 내려질 모래였다는 것을 알아버렸다. 그러면서도 더 많은 것을 사랑하려고 애를 쓰는 나는 도대체 무엇을 바라는 것일까.

(카메라)

저 하늘, 달만 보면 자연스럽게 카메라가 올라가듯
너를 보면 언제나 사랑이 떠올랐으면 좋겠어.

(발걸음)

여전히 버리지 못했어, 그 습관.
네 모든 것 다 퍼주고 나서
막상 너에게 돌아오는 것은 하나도 없고
오히려 떠나는 이들이 늘어나는 걸 보면서
또 울어야만 하는 안쓰러운 아이야.

*

너는 네 많은 부분을 내어주고 희생했는데 네가 원하는 이들은 오히려 네 곁을 떠나가니까 많이 원망스럽기도 하고 마음 아팠겠다. 친절을 베풀고 나 하나를 온전히 준다는 것이 결코 쉬운 일이 아닌데도 사람들은 늘 잘 몰라주는 것 같아.

너도 항상 잘해주기만 하다가 상처받는 거 이제 그만하는 게 어때. 적당한 선을 두고 행동한다는 게 물론 어렵겠지만 너도 여러 경험을 해봤을 테니 이제 그 적절한 정도를 잘 찾아봐. 너에게 금방 등을 돌릴 것 같은 이에게 너무 많은 정을 주지 말고, 그럴 시간에 너를 조금 더 사랑하려고 해봐.

너를 누구보다도 사랑한다면 다른 이의 관심과 사랑에 집착하지 않게 될 거야.

(약)

너의 그 모진 말들에
아무도 모르게 많이도 베였다.
아픈 곳을 움켜쥐는 것도
쓰라린 곳을 토닥이는 것도
도통 소용이 없었다.
마음에는 약을 바를 수도 없는데.

(왠지)

가끔 왠지 멈추기 힘든 마음이 있다.

사실은 그만두고 싶은데도 놓지 못하는 마음이 있다.

(한때 나는 매일같이 아프길 바랐다)

억지로 잠든 불편한 밤으로부터 눈을 뜨는 것이 싫었다. 그 무엇도 손에 잡히지가 않았다. 밥을 먹어도 먹는 것 같지 않았고 네가 꼭 있어야 하는 자리에 네가 없다는 사실을 받아들이고 싶지 않았다. 수시로 휴대폰을 만지작거리는 데에는 이유가 있었다. 늘 특정한 시간이 되면 오던 너의 연락 때문이겠지.

자꾸만 걸어가야 하는 길이 너와 함께 걷던 길이라서 걷는 것이 힘들었고, 밥을 먹는 식당조차 너와 함께 먹던 곳이면 밥을 먹기가 힘이 들었다. 감정이라는 것에 대해 증오감이 생기는 순간이었다.

나는 차라리 이 반복되는 아픔에서 벗어나기 위해 입원이나 해버렸으면 좋겠다고 생각했다. 몸이 아프면 그 고통에 집중돼서 네 생각이 덜 날까 싶어서.

그런데 막상 아프니까 네 생각이 안 나기는 무슨, 오히려 더 났다. 아프면 흰 약봉지를 들고 나타나서는 내 옆에서 두 손을 꼭 잡고 아프지 마라 이야기해주던 네가 없다는 것이 너무 아팠다.

이렇게 될 줄 몰랐을 때,

한때 나는 매일같이 아프길 바랐다.

(예민함)

사소한 일에 목매고 끙끙대다가 괜히 엉뚱한 사람에게 화도 내고, 놓치면 안 될 것들을 놓치게 되고. 왜 나는 이런 일에 관대하지 못한 건지, 나중에 보면 분명 별것 아닐 일에도 왜 온 신경을 쏟아 붓고 있는지.

(정)

조금이라도 정이 찾아오면
금방 흔들려버리는 내가 싫어서.
잠깐이라도 미소가 스치면
어느새 이미 마음이 가버린 내가 싫어서.
그런데도 또 너를 찾는
내가 한심해서.

(기둥)

아팠던 것만큼 성숙해졌고
상처 입은 만큼 단단해졌다.
당신은 바람 잘 날 없는 곳에서도
쉽게 꺾이지 않는
곧은 뿌리와 줄기를 얻게 되었고
그만큼 아름다운 꽃을 피울 것이다.
언제나 당신의 존재가 빛난다는 것은
변함없는 진실이니까.

(시작)

새로운 시작, 시작에 대한 두려움.

우리는 늘 겪어 보지 못한 새로운 것에 대해 불안해하고 두려워한다. 곧잘 적응하게 될 것을 알고 있지만 그렇게 적응하기까지 드는 시간이 꽤 되기 때문이다. 특히나 새로운 사람을 만나는 일이 가장 두렵다. 언제부터 그랬는지는 모르겠지만 새로운 사람과 만났을 때의 그 어색한 분위기를 겪고 싶지 않았다. 어떤 사람일지 궁금한 것이 아니라 두려웠다. 마주치기도 전에 기존에 존재하던 상처에 대해 예민하게 반응했다. 일종의 자기방어가 생긴 것이다.

그러나 앞으로도 수많은 새로운 시작을 겪을 것을 알기 때문에 새로운 것에 대해 그저 두려워하고 불안해하기보다는 긍정적으로 받아들이려고 노력하고, 새로운 사람을 만나도 선한 영향력을 끼치는 사람이 되고 싶다. 시작의 두려움에서 벗어나면 앞으로 일어날 일들에 대해 기대가 생기고 곧 만날 사람들을 기쁨으로 받아들일 수 있을 테니까.

새벽의 달

볼우물이 유난히 진했던 당신.
깊고 깊은 보조개에서는 잔잔히 달빛이 흐르는 듯하였다.

계절과 추억은 자신도 모르게 얽혀서
누군가 한 입 베어 먹은 찬란한 달 밑에
네 미소가 겹쳐졌다.

미소 속의 푸르른 바다에서는
파도가 모래를 품어 안을 때마다
순백한 물꽃을 피워냈다. 눈부시도록.

그 달 밑 가로등 아래에서는
여전히 당신의 잊을 수 없는 미소가 요동친다.
남색과 검은색 사이, 천흑색의 새벽이 아롱거린다.

오늘도 재빠른 꼬리별 하나 쥐고
비어 있는 반대 손으로 달을 쥐어본다.
뿌연 안갯속에서 노랗고 영롱히 빛나는 달은
여전히 애틋했다. 새벽의 달은 그랬다.

(도화지)

두 눈을 꼬옥 감고 있으면 세상에서 가장 큰, 모든 것을 그릴 수 있는 까만 도화지가 나타난다. 무엇이 그려질지 알 수 없고 무엇이 나타날지 알 수 없다. 그저 가만히 눈을 감고 있으면 '아, 역시나!' 하며 그 무엇인가가 떠오른다. 나는 가끔 이 모든 상상들이 상상이 아니라 현실이 되기를 바랐다. 물론 좋은 상상 말이다.

네 선율은 아름다웠고, 네 향기는 코를 찡하게 만들었다. 마음은 두근거리기를 멈추지 못했다. 분홍색, 하얀색의 벚꽃잎들이 휘날리는, 벚꽃잎으로 가득한 넓고 포근한 길을 걷는 꿈을 꾸었다. 네 손은 정말이지 따뜻했다.

이 도화지에는 부작용이 있다. 원하지 않아도 어느 순간이 오면 그리는 것을 그만두어야 했고, 그 끝은 아무것도 보이지 않는 검은색이었다. 그렇게 허무하게 끝내버리기에는 여운이라는 것이 터무니없이도 오래간다. 그래도 불가능이란 없는 유일한 도화지이기 때문에 여전히 애용한다.

어쩌면, 그 도화지에서라도 행복해야 했으니까.

(의미부여)

작은 것에도 혼자서 의미부여 해놓고
그 의미가 헛된 것이었다고 깨닫고 난 뒤에
폭풍처럼 다가오는 실망감은
대체로 감추기도, 조절하기도 힘들었다.

(진심)

당신이 나를 속절없이 뒤흔들고 도망가버리면,
나는 또 그것조차 여운으로 여겨 그 후에도 흔들려.

*

누구에게는 진심의 정도가 빈약했을지라도, 흔들림을 받은 그 사람에게는 큰 진심으로 느껴질 수 있다. 진심인 줄 알았던 마음이 진심이 아니었음을 알게 된 그 사람은 사실 흔들리다 못해서 꺾여버린 기분일 것이다.

진심을 주는 것과 진심인 척 진심 아닌 말을 건네는 것은 하늘과 땅의 차이다. 결국 진심의 차이라고.

(안개꽃)

강하지 않아도 좋다.
단단하지 못해도 괜찮다.
색채를 띠고 있지 않아도
희고 고운 마음과 미소가 충분하다.
너는 오늘도 내일도 맑은 안개꽃만 같아라.

(낙엽)

요즘 너는 어때,
요즘 나는 자주 가슴이 시려.
날씨는 따뜻한데
그 바람이 내겐 여전히 겨울바람이야.
요즘 너는 어때,
나는 여전히 찬바람 속 낙엽인데.

*

온전히 혼자만의 시간으로 채워진 나날이 지나간다. 당신의 빈자리가 요란히 티를 낸다. 맑은 하늘 속 흰 구름과 밤하늘 밝은 달의 모습을 사진 찍을 때마다, 세상에 존재하는 간지러운 언어를 보게 될 때마다, 아니면 간단히 밥을 먹을 때라도. 어떤 행동을 하고 무슨 생각을 하든지 그 끝에 자꾸만 당신이 서성거린다. 당신의 발자국은 이제 계속해서 파도가 치는 모래사장 위에 있는 것과 다름이 없는데 왜 내 우주 속에는 여전히 당신의 지울 수 없는 발자국이 돌아다니는지. 곧 당신의 발자국도 사라질 것이라는 사실이 너무나도 분명한데.

나의 모든 끝이 당신에게 치우쳐 있던 시간이 참 많았다. 나보다는 당신이 조금이라도 덜 속상하길 바랐고 덜 아프길 바랐다. 당신이 아픈 것보다는 내가 아픈 게 더 나은 일이라고 생각했다.
이것보다 더 바보 같은 짓도 없었는데, 사람이 한 번 눈이 돌아가면 그 순간부터 '나'는 잠시 뒤로 물러서게 된다. 이 또한 그런 것이었겠지.

영원이라는 것을 믿는 순간 우리는 자주 초점을 잃는다. 사랑을 사랑하고 흐릿한 두 눈을 비비며 가시밭길을 달리려 한다.

(달)

까만 하늘에 동그랗게 보름달이 떴다고 전화하던 네 모습이 참 좋았는데 이제는 내가 더 먼저 하늘을 쳐다 봐. 요즘은 하늘에 달이 보이면 늘 사진으로 남겨두고 싶어. 그러면서 휴대폰으로는 도저히 달의 아름다움이 담기지를 않는다고 속상해하기도 해. 너도 참 예쁜데 사진으로도, 내 두 눈으로도 모든 것을 다 담을 수가 없어서 속상해. 하지만 확실히 빛나는 것을 바라보고 있는 일은 무엇보다 행복한 일 같아.

(여유)

마음에 조금 더 여유를 가졌으면.
사소한 것에도 표정을 찡그리고
모든 일에 조급해하다가
서로 마음 다칠 일을 만들지 말기를.

(표현)

거의 표현하지 않아놓고
가만히 있어도 알아주길 바라는 건
상대에게는 너무 어려운 일일지도 모른다.
서툴고 어려워도
가끔은 네가 친구라서, 연인이라서
참 고맙다고 표현하는 것이
관계를 유지하는 데 도움이 되지 않을까.

*

가까운 사람에게 오늘 날씨가 참 좋다는 핑계로 먼저 연락을 하고 또 안부를 묻는 것. 혹시 모른다. 그들도 당신의 연락을, 당신의 안부를 기다리고 있었을지도. 짧은 한마디지만 안부만큼 중요하고도 좋은 말이 또 있을까.
작은 것에서부터 조금씩 표현을 하다 보면 아무리 아직 표현이 서툴고 어렵다고 하더라도 점점 적응되고 표현하는 일이 쉬워질 것이다. 누군가가 나에게 해줬던 표현들이 어땠는지 떠올려 보고 나도 그들에게 표현으로 보답하는 것이 어떨까.

(말실수)

뱉어버린 말,
이미 흐른 정적.
나는 또
말로
돌이킬 수 없는 실수를 했다.

(변하지 않는 상황)

그렇게 펑펑 울면서 누군가에게 털어놓았는데도
마음이 딱히 편하지 않다는 건
어차피 나만 느끼고 있는 거고
상황은 변하지 않을 거라는 걸
슬프지만, 너무 잘 알아서겠지.
그런 거겠지.

(헷갈림)

네 마음을 알기 어려워서, 바보같이 헷갈렸다.
헷갈리게 만든 네 잘못인지, 착각한 내 잘못인지
오늘도 속상하고 미운 하루.

*

꾸준히 연락하다가도 어느 순간이 되면 너는 사라졌다가 돌아왔다. 너의 관심 밖에 있는 나라서 네가 잠시 떠나 있던 시간 동안 너는 네가 나를 떠나 있었다는 사실조차 인지하지 못했겠지. 어떠한 걱정도 미안함도 그 어떤 감정도 딱히 들지 않았겠지. 너의 연락이 끊기고 나서 그 짧은 시간이 내게는 마치 몇 달 같았다. 휴대폰에 열이 오르고 손에서 땀이 날 때까지 휴대폰을 손에서 놓지 못했던 시간, 할 일이 분명 많았는데도 하염없이 네 연락을 기다리다가 해야 하는 일도 제대로 하지 못했던 시간. 내게는 무슨 일이 그리도 많았는지 벌써 수척해졌는데 너는 아무 일 없었다는 듯이 밝은 모습으로 찾아왔다. 나는 이미 지쳤는데.
내가 꽃이었다면 넌 내가 죽은 후에서야 물을 준 거야.

(돌아서는 것)

좋아했던 사람
혹은 친했던 사람에게
의도했든 의도하지 않았든
상처받게 됐을 때,
그리고 멀어지게 됐을 때
그 무엇보다 아팠고
그 언제보다 서러웠다.

*

그다지 정이 없던 사람, 혹은 전혀 모르는 사람과 부딪혀 상처받은 것은 금방 낫곤 한다. 그러나 상처의 원인이 나와 긴밀한 관계를 맺은 사람이거나 소중한 사람이라면 이야기가 달라질 수밖에. 사랑하는 만큼 상처도 더 깊어지는 법이다. 사랑하는 만큼 그 사랑 때문에 더 아픈 것이다. 서로가 서로에게 상처의 이유가, 상처의 흔적이 되지 않도록 해야 할 것이다.

(새벽)

첫 느낌이 살짝은 비린 듯한 새벽이었다. 왠지 모르게 가슴이 저려 눈이 번쩍 떠졌다. 또 말도 안 되게 네 꿈이라도 꾼 것일까. 알림 한 통 없는 휴대폰을 켜고 괜히 밝은 화면을 봐서는 눈만 부시고 아팠다.

그 당시, 바다처럼 고이도록 모든 눈물을 아껴두었어야 했는데 참지 못하고 한 방울만 남긴 채 다 터뜨려버려서 지금의 아픔과 눈물은 비례하지 못하는 새벽이다.

자국도 흔적도 없이 지워버리기에는 아깝고 아까운 너라서 차마 지우지도 못하고 흘릴 듯 말 듯 데리고만 다닌다. 처음에도, 끝에도 단호한 선을 긋지 못하는 내가 미웠다. 애매한 끈을 묶고 다니다가 심장 터지도록 아픔을 겪은 것이 한두 번이 아닌데 여전히 그 진절머리 나는 습관을 질질 끌고 다닌다. 이제 그만 작별해야지. 안녕.

(포기)

지금 당장은 놓쳐야만 하는 것들이
그리고 포기해야만 하는 것들이
힘들고 아쉽다고 해도
곧 너에게 무엇보다 도움이 되는
멋진 선택이 될 거야.
포기하지 말고 끝까지 나아가자.
나는 너를 믿어.

(무채색)

하루에도 수없이 오고 가는 차디찬 말과 의미 없는 목소리. 주고받아도 주고받는 것 같지 않은 대화. 대화 중에도 꼭 결국엔 자기 할 말만 하고 떠나는 검은 발걸음들. 우리 속에도 할 말은 많다. 용기가 없거나 말할 수 없어서 그래서 그런 것이 아니다. 굉장히 참고 있을 뿐이다. 충고라면서, 기분 나쁘라고 하는 말이 아니라면서, 너를 위해서 하는 말이라면서 뱉어대는 흡사 독 같은 그 문장들은 어차피 내 귀에 가시로 꽂힐 뿐이다. 두 눈썹 사이 미간이 찌푸려질 정도로 쏘아대는 말들. 참고 참아야만 살아갈 수 있는 이곳. 대체 무엇이 그렇게 사람들의 행동을 거칠게 변화시키고 있을까.

POLAROID

(일기)

요즘 자주 무섭고 잔인한 존재로부터 도망치는 악몽을 꾼다. 도망가지 않으면, 죽을 수밖에 없는. 그래도 자다가 울면서 깬 적은 없었는데 어제는 자다 말고 펑펑 울면서 깼다. 머릿속이 고장 난 것 같다. 나를 괴롭히는 것이 무엇인지 잘 모르겠어서 답답한 아침이다.

(인간관계)

많은 사람을 만나고
여러 경험을 해봐도
이해할 수 없는 일이 생기기도 하고.
여전히 모르겠고 여전히 어려운 것.

(헛된 희망)

내가 조금만 더 노력하면
나를 봐주지 않을까.
나에게 관심을 가져주지 않을까.
그런 헛된 희망 속에서 발버둥 치는 오늘.

(불꽃)

나는 이제 아주 잠깐씩
잠깐 피었다 지는 작은 불꽃이겠지.
그래도 가끔은 그리워해주라.
내가 너를 문득 떠올리는 만큼만.

(영화 같은 사랑)

우리는 영화 같은 사랑을 하자.
연둣빛 넓은 초원에서 뒹굴며
하늘은 그보다 더 푸른색일 수 없게.
달려도 달려도 끝이 없는 그곳에서
우리의 끝도 마주하지 않도록.

(흉터)

곱고 예쁜 사람아.
과거의 아픈 상처가
눈에 보이는 흉터로 남아 있을지라도
그것에 연연하지 말고
네 안에 있는
더 큰 아름다움으로
모두 덮을 수 있기를 바라.

(실수)

미안해요. 오늘은 부족한 내가 당신 마음을 서운하게, 아프게 해버렸어요. 당신처럼 예쁘고 소중한 꽃에 원치 않는 상처를 내서 진심을 담아 미안하다고 전하고 싶어요. 제 마음 알고 있죠? 실수는 한 번으로 충분하니 앞으로는 실수를 반복하기 않도록 당신을 위해 노력할게요.

(우선해야 하는 것)

우리에게는 몇몇 소중한 사람이 존재한다. 그리고 소중한 사람들이 좋아하고 소중히 여기는 것에는 자연스레 나도 관심을 두게 되고 좋아하게 된다. 그러나 그 사람들이 그것들을 나보다 더 우선시하고 먼저 찾는 날이 잦아지게 되면 우리는 섭섭하다는 감정을 가질 수밖에 없다. '나에게 조금 더 관심을 두었으면 좋겠어.', '가끔은 나보다 더 중요한 것이 없었으면 좋겠어.'와 같은 마음과 함께. 섭섭함이 잦아지면 감정이 쌓여 그 끝은 대부분 상처가 된다.

사랑하는 사람을 더욱 중요시하고 우선시해야 할 필요가 있다. 모든 순간마다 나의 것을 포기하고 희생만 하라는 것이 아니다. 나의 사람을 소중히 하고 지켜야 할 때 정성을 다하는 것이 좋겠다는 말이다. 나를 의심하고 나로 인해 불안에 떨게 되지 않도록. 깊은 관계를 맺었던 사람을 한순간 잃으면 얼마나 마음이 아픈지 알기 때문이다. 소중한 이들을 지키기 위해서는 노력이 필요하고 그 시간은 전혀 아까운 시간이 아닐 것이다.

(혼자)

가끔은 혼자 있는 것이 편하게 느껴질 뿐 매일 혼자 있고 싶은 것은 아니다. 언제든 나의 사소한 감정까지도 공유할 수 있는 나만의 사람은 늘 함께하면 좋겠다고 생각한다. 묘하게 나의 마음을 숨겨야 하고 눈치 봐야 하는 관계는 차라리 없었으면 좋겠다.

(함께 앗아가는 것)

평소 너무도 사랑했던 일렁이는 바다를 보고도 속이 울렁거리는 걸 느끼고 나서 알아차렸다. 사랑하는 것이 한 가지만 사라져도 다른 것까지 피해를 볼 수 있다는 것. 사랑하는 너를, 아니 사랑했던 너를 잃고 나니 나의 전부가 도망간 듯하였다. 갈 거라면 혼자서만 가버리지 나의 바다까지 앗아가는 것은 대체 무엇일까.

(새벽1)

나는 끝내 새벽 하나를 놓지 못했다.
한 가지 때문에 속에 있는 것을 모두 토해내야 했고
목소리를 잃을 때까지 울부짖어야만 했다.
내가 사랑하는 것은 늘 나를 떠난다.

(새벽2)

조급해하는 마음을 두드린다. 벌써 내일 아침부터 밤까지의 하루에 매달려 머리를 쥐어짠다. 내일은 왠지 힘들 것 같고 아플 것 같은 하루. 오늘 새벽, 오늘 밤도 설쳤다.

(불꽃)

너무 잘 맞는 사람을 찾아도
종종 불안함을 느낀다.
이것이 잠깐 강하게 타오르다가
언제 그랬냐는 듯 갑자기 꺼질
불꽃일 것만 같아서.

(지치는 관계)

함께 있더라도 불편함이 없고 마냥 편안함 속에서 만날 수 있는 그런 사람이 필요해졌다. 나만 질질 끌려다니고 놓아야 하는 것이 많아지는 그런 관계에 지쳐서.

(환경)

이러면 안 되는 것을 알면서도
가끔 나에게 주어진 환경 때문에
아쉽고 아플 때가 많다.
감사하며 살아가는 것이
이렇게 어렵다.

(부모님)

당신의 셀 수 없는 시간을 희생했고
한참 꽃을 피워도 모자란 때에
자신의 생을 또 다른 생명에게 주었는데
어쩌면 나는 그 희생의 꽃을 저버렸을지도 모르겠습니다.
그런 당신에게 한없이 죄송할 뿐입니다.

(허전한 시간)

손만 뻗었다 하면 데는 바람에
다치고 싶지 않아서 혼자가 되고 싶으면서도
내 옆에 누군가가 없으면 허전하고 그래.
푸른 새벽만 되면 우울해지고 공허해져.
내 사람 하나를 만들지 못한 것 같아서.

(타이밍)

그때는 별생각 없었는데
왜 이제야 네가 좋아진 걸까.

(말)

누군가 생각 없이 뿌려댄 말들이
살점을 잘라내고 피부 속에 침투했다.
보이지 않는 상처보다 큰 상처도 없다.
내가 이렇게 죽도록 아파도
입을 벌린 그들은 알지 못한다.

(미안해)

이제는 너무 늦어버렸지만 지금 당장이라도 달려가서 미안하다고 말하고 싶은 사람이 있다. 그때는 내가 너무 어렸다고. 그때는 내가 생각이 짧았다고.

(머물러주기를)

많고 많은 인연 중 네가 내 옆에 있어 준다는 것이 결코 우연이 아님을 알기에 네가 더 오래 머물러줬으면 해.

(습기)

마음이 텁텁하게 느껴질 때가 있다.
내쉰 숨이 습기가 되어 그대로 얼어버린 것처럼
마음이 참 갑갑할 때가 있다.
작은 나로서는 도저히 혼자 감당할 수 없는 일들이
검은 파도처럼 몰려와 한꺼번에 덮칠 때가 있다.

(나를 사랑하기)

요즘 꽤 마음고생 하고 있었구나. 감기처럼 지나갈 우울이라는 말에 '조금만 버티면 나아질까.', '곧 아무렇지 않았던 것처럼 괜찮아질까?' 했지만 나아지지 않는 어두운 감정들에 오늘 또 묶여 있었지. 웬만한 위로의 말들은 보고 들어도 이젠 별 감흥이 없고, 이 세상과 나는 완전히 따로 노는 느낌. 그렇게 우울은 커져만 가. 자주 깊고 어두운 바닷속으로 한없이 가라앉는 기분이 들고, 모든 시선과 말들은 나를 아프게 하고. 언젠가 나는 꼭 행복해질 거라는 상상을 하곤 했는데 이제 더는 행복해지고 싶다는 생각조차 들지 않지.

혹시 내가 나를 미워하지는 않았을까. 나 자신을 사랑하지 않은 건 아니었을까. 나는 세상에 쓸모없는 존재라면서, 살아갈 이유가 없다면서 눈물만 흘리고 있지는 않았을까. 우울이라는 감정을 너도 모르게 부정한 적이 있지는 않았어? 괜찮아. 이제는 그 감정 자체를 인정해도 괜찮아. 늘 행복하고 미소 지을 수는 없어. 행복하지 않아도 괜찮아. 다만 너를 미워하지는 말았으면 좋겠어. 종종 네가 느끼고 있는 그 감정 그대로 글로 쓰고, 시간이 지난 후에 다시 읽어 보면서 너를 알아가고 스스로 다독여줬으면 좋겠어. 또 네가 꼭 누구에게나 좋은 사람이어야 할 필요는 없다고 생각해. 살다 보면 여기서 꼬이고 저기서 꼬이는 게 관계이고 삶이니까. 어딘가에 굳이 매달리다가 쓸려서 아파하지 않았으면 좋겠다. 너는 그냥 너이고, 다른 사람과 비교하면서까지 자신을 미워할 필요는 없어. 다른 이들과 내 삶을 비교하지 말아. 네 삶에도 분명히 가치 있다고 이야기할 것들이 충분히 많을 거야. 그날그날 이 우울을 무시하지 말고 한 곳에 간직했다가 펼쳐볼 수 있을 때까지 힘내자. 포기하지 말자. 너를 보살펴줘.

(마음 지키기)

결연한 마음으로 어떤 일을 해내고 있다가도 타인의 말만 들으면 무너질 것 같다며. 이제는 그러지 않았으면 좋겠어. 아니, 그럴 필요 없다는 말이야. 한 가지 일을 시작하는 것만 해도 많은 날의 고민과 노력, 선택이 필요했을 텐데 네 그 소중한 의지보다 타인의 말에 휘둘리는 것은 참 안타까운 일이야. 특히나 끝이 얼마 남지 않은 일이라면 더더욱 네 마음을 지켜나갔으면 좋겠어. 주변 사람 때문에 심하게 휘둘리지 말라는 말이야. 그들의 입에서 아무리 너를 좌절하게 만드는 말이 나오더라도 너는 네 길을 잘 만들어나가. 그게 네가 할 일이야. 요즘 참 혼란스럽고 고민이 많을 텐데 잘 극복해나갔으면 좋겠어.

(틀)

무언가를 위해서 혹은 누군가에게 보이기 위해서
틀에 갇히고 꾸며진 내 모습을 보면
과연 나의 진짜 모습은 어떤 모습이었을까 싶어.

(사랑스러운 당신)

내 마음이 너를 참 많이 사랑한단다.
어쩔 수 없단다.
네가 가장 좋단다.

사랑하는 사람아, 소중한 사람아.
우리 서로를 더 아끼고 사랑하도록 노력하자.
오늘도 앞으로도 멋지게 살아내자.
무슨 일이 있어도 함께하자.
힘들고 지칠 때마다 언제나 서로가 서로의 곁에서
힘이 돼주자.

존재만으로도 고마운 사람아.

KINGS OF
MOON-SEUP SHIM

(곧)

무너지지 않으려고 노력하는데
생각보다 너무 쉽게 무너지는 게
곧 나인 걸까, 곧 삶인 걸까.
단단해지고 싶다, 많이.

*

한 번 무너져 본 것에 대해서는 다시 무너지고 싶지 않았다. 한 번 아파 봤으면 이제 같은 일로는 금방 털고 일어날 수 있는 사람이 되어야 한다고 생각했다. 그게 어른이라고 생각했을까. 하지만 상황이 나를 이렇게 만드는 건지 내가 이것밖에 안 되는 건지, 자꾸 같은 것 안에서 뒹굴고 넘어졌다. 혼자 빠져버린 바닷속이 얼마나 차가운지 아무도 알아주지 않았고 구명조끼나 튜브 하나 없이 나는 얼굴만 내민 채로 둥둥 떠 있어야 했다. 얼마나 더 깨져 봐야 할지 앞이 너무 막막해서 눈물이 나왔다. 무너지고 싶지 않았다. 찬 바닷속을 그만 헤엄치고 싶었다. 이렇게 깨지고 깨져야만 어른이 될 수 있는 걸까.

(과거)

요즘 마음이 자꾸 과거로 기운다.
불가능한 일을 상상하는 것은
가끔 나를 괴롭게 한다.

*

과거만 생각하면 내가 너무 답답하게 느껴졌다. 대체 그때의 나는 왜 그런 행동을 했는지, 왜 그렇게 부족했는지 말이다. '그러지 말걸.' 하는 생각들이 낮이고 밤이고 늘 우리를 옥죈다. 과거로 돌아갈 수만 있다면 아무 일도 없었다는 듯이 그때와는 확실히 다른 선택을 하고 싶다. 하지만 긍정적으로 생각하면 그때의 내가 부족하게 느껴진다는 것은 지금의 내가 많이 성장했다는 것을 뜻하는 게 아닐까. 가끔 아무것도 쌓아오지 않은 것 같고 해온 것이 없는 것 같을 때가 있다. 그러나 우리는 하루하루 지날 때마다 성장하고 있고 변화하고 있다. 그러니까 너무 과거에 얽매여서 고통스러워하지 않았으면 좋겠다.

(심정)

차마 입 밖으로 꺼내지는 못했지만
말하지 않아도 알아줬으면 좋겠다.

(부담)

서로에게 더 이상
원하는 존재가 아니라
부담 되는 존재가 됐을 때.

(괜찮다)

괜찮다, 괜찮다.
꿈이 없어도
실수투성이라도
여기저기 흔들려도
정말이지 괜찮다.
천천히 손잡고 가자.

*

늘 좋아한다고 이야기하는 문구가 하나 있다.
"흔들리지 않고 피는 꽃이 어디 있으랴."
정말이지 약한 마음을 강하게 만들어주는 마법 같은 좋은 문구다. 말 그대로 우리는 흔들려야 한다. 흔들리지 않고는 성장할 수 없다. 내가 흔들릴 때마다 왜 나는 이렇게 기둥처럼 강하지 못한지, 중심이 없는 것 같은지 자책할 필요가 전혀 없다. 그렇게 흔들려야만 계속해서 세상으로 나아갈 수 있으니까.

(어정쩡하게)

오늘도 이렇게 어정쩡한 관계 속에서 어정쩡하게 살고 있다고 생각할지도 모르지만 살아간다는 것만으로도 얼마나 귀한 일인지 당신이 알아주었으면 한다.

(마음대로 되지 않는 것)

가까이 지내고 싶던 사람과는 가까워지기가 힘들었고 엮이고 싶지 않던 관계는 그렇게도 엮여서 나를 괴롭게 했다.

(지금쯤이면)

어렸을 때는 지금쯤이면
내 나이다운 삶을
살고 있을 것 같았고
열정 가득한 삶일 것만 같았다.

*

생각해보면 그 나이다운 삶이라는 것 자체를 우리가 만들어낸 게 아닐까 싶다. 물론 나이에 맞게 행동해야 하는 부분도 있지만 언제 어떤 일을 해야 하고, 어디에 있어야 하고 그런 틀이 꼭 있어야 하나 싶었다. 마음을 급하게 먹지 않고 정말 진심으로 하고 싶은 것이 생겼을 때 그 일을 하기 위해 달렸다면 좋았을 거라면서 후회하는 사람들을 많이 봐 왔다. 조급한 마음 그리고 꼭 이 나이에 어떤 일을 해야 한다는 생각이 어쩌면 우리를 더 아프게 만들어 왔을지도.

BAUHAUS

(우울)

어떤 시간만 되면
끝없이 우울해졌다.
살아가는 이유를 도통 모르겠고
세세한 일들이 떠오르기 시작하면
온통 내 잘못 같았다.
마치 지금처럼.

(추억)

자주 지나간 관계에 나를 적셨다.
지나간 시간에 그리움을 불어 넣었다.
이만하면 충분히 추억했다 싶었음에도
그것은 내게서 쉽게 물러서지 않았다.

*

침대 위에서 이불을 덮은 채 잠들 준비를 했을 때 만화에서 말풍선이 퐁퐁 떠오르는 것처럼 여러 가지가 떠오를 때가 있다. 사람, 시간, 장소 등. 고통스러웠던 시간이 많이 있었지만 아팠던 기억들에도 지금은 미소 짓게 되는 것. 어쩌면 우리는 나쁜 기억을 자동으로 정화하고 있나 보다.

(그럼에도 불구하고)

변하지 않을 대상에 대해
한참을 변하길 바란다는 것.
변화라는 것은 쉽지 않고,
바란다는 것은 많이 지침에도.
그럼에도 불구하고.

(독)

가끔은 너무 깊이 생각하는 것이
나에게 독이 되어 다가올 때가 있다.
일어나지도 않은 상황에 대해
미리 힘들어하고 오랜 시간 걱정하게 되는 상황으로
자주 이어지기 때문이다.

(기도)

바람과는 달리 자꾸만 멀어져 가는 꿈에 대해서 날마다 불안해해야 했고 속을 태워야만 했다. 꿈이 무엇인지도 알지 못했던 시점에 막연하게라도 하고 싶은 일이 생겼다는 것에 감사할 수밖에 없었다. 그리고 두 손을 깍지 낀 채 기도했다. 더 이상 멀어지지 말고 나아가게 해달라고. 새벽에 돌보는 당신의 손길을 느끼게 해달라고.

(꿈)

야, 있잖아. 세상은 은근히 우리한테 꿈을 가지라고 강요해. 근데 난 사실 꿈이 없거든. 꿈을 가지고 재능을 발굴할 수 있는 환경은 주지 않으면서 꿈이 없으면 안 된대. 가끔 내 꿈이랍시고 이야기하는 것이 억지로 하는 말인 것 같은 기분이 들어. 꿈이 없으면 열심히 산 게 아닌 줄 알아. 나는 꿈을 가지고 싶지 않아서 그런 게 아닌데. 여러 좋은 책들에는 야망을 품고 무한한 꿈을 꾸라고 쓰여 있지만 이게 현실에 적용될 수 있는 말일지 의문이야.

야, 꿈이 없는 건 잘못된 게 아니야. 각자마다 정체성과 개성이 다른데 어떻게 모두 같은 시기에 꿈을 꾸겠어. 우린 모두 다르고 각자 다른 꿈을 꿔. 조급해하지 말았으면 좋겠다. 급한 환경과 상황에 떠밀려서 엉뚱한 곳으로 가버리지 말아. 만약 엉뚱한 곳으로 가버렸다고 해도 그것조차 네 꿈을 찾아가는 데 필요한 정거장이라고 생각해. 결코 쓸데없는 것이 되지 않을 거야.

(그렇지가 않다)

실패하지 않을 것만 같던 일들이 실패로 끝나고, 즐거울 것만 같던 일들이 사실은 즐겁지 않았으며 놓치지 않을 수 있을 것만 같던 너도 놓쳤다. 행복해야 하는 이 순간도, 행복해야만 하는데 그렇지가 않다.

(마카롱)

어젯밤 푸르스름한 새벽에도 진은 이제 더 이상 전화를 걸지 않았다. 나에게 안부를 묻지 않았다. 일주일 전만 해도 벤치에 앉아 마카롱이 들어 있는 아이스크림을 먹다가 웬 길고양이를 만나서 다시 마트로 발걸음을 돌려 캔으로 된 밥을 주고는 자연스럽게 진에게 전화를 걸어 안부를 주고받았었다. 나는 지금 길고양이에게 밥을 주고 오는 길인데 너는 뭘 하고 있냐고 말이다. 진은 내가 그럴 때마다 피식하는 웃음소리와 함께 자신의 순간순간을 공유해주었다. 나에겐 그것이 밥을 먹듯 숨을 쉬듯 당연했고 삶의 낙이자 행복이었으니 두말할 것도 없겠다.
삶과 순간을 공유할 수 있는 사람이 있다는 게 얼마나 큰 선물이었는지. 물론 진도 알 것이다. 하루에도 몇 번씩 통화 아이콘을 누를 수 있던 사람으로부터의 침묵이란 내게 절벽과도 같았다. 아침저녁으로 내 귀로 공급되었던 목소리가 끊겨버리니 입원하다 말고 집으로 되돌아간 환자가 된 것 같았다. 진은 나와 같이 마카롱과 고양이를 좋아했다. 진에게는 달달한 마카롱 같은 향이 났었다. 나는 일주일 전 그 고양이에게 동질감을 느꼈다. 불쌍하다거나 측은한 마음이 아니라. 그렇게 나는 길고양이가 되었다. 어쩔 수 없이.

(Leave)

집에 새 가구를 들였다. 연이가 좋아했던 나무로 만든 가구 말이다. 단지, 나무의 질감과 결이 좋아서 그랬다.
한때 나는 나무로 만든 집에서 살고 싶다는 꿈을 꾼 적도 있지만 그 꿈을 몇몇 소품과 가구로 대신했다. 새 책상 위에 올려놓을 소품을 찾다보니 TV 옆에 있던 액자가 눈에 띄었다. 오른쪽 끝부분이 커피 자국으로 얼룩져 있는 액자였다. 한여름 밤에 연과 식탁에서 액자에 사진을 꽂다가 커피를 쏟았던 것 같다. 연은 사진을 참 좋아했다. 결국 우리 집에는 사진과 액자가 자연스럽게 늘어났다.
지금 보니 그 액자 속에 있던 사진이 조금 삐뚤어져 있다. 우리가 틀어진 것처럼 흔적도 틀어진 것일까. 밖에는 비가 오고 있었고 나는 괜히 집 앞에 있는 한강으로 까만 우산을 쓰고 나갔다. 비, 참 싫어했는데 어쩌다가 빗속에 서 있는 것도 익숙해졌을까. 처음으로 사진을 버렸다. 오늘은 좀 그러고 싶은 날이었으니까. 왜 다들 그런 날 있잖아, 무언가 버리고 훌쩍 떠나고 싶은 날. 오늘은 그런 날인 것 같다. 떠나고 싶다.

(마침표)

이런 저런 생각의 마침표가 왜 결국 너인지 모르겠다. 나 분명히 드디어 너를 잊은 줄로만 알았다. 습관이 참 무섭다. 무엇 하나 있으면 너로 연결시키는 바보 같은 짓을 여전히 하고 있다.